quero **me pedir desculpas** por todas as vezes que **me culpei** quando **não era minha culpa**

quero **me pedir desculpas** por todas as vezes que **me culpei** quando **não era minha culpa**

iandê
albuquerque

 Planeta

Copyright © Iandê Albuquerque, 2025
Copyright © Editora Planeta do Brasil, 2025
Todos os direitos reservados.

PREPARAÇÃO: Tamiris Sene
REVISÃO: Fernanda Guerriero Antunes e Carmen T. S. Costa
PROJETO GRÁFICO E DIAGRAMAÇÃO: Nine Editorial
CAPA: Renata Spolidoro
IMAGEM DE CAPA E ILUSTRAÇÕES: Zé da @capivarinhapantaneira

DADOS INTERNACIONAIS DE CATALOGAÇÃO NA PUBLICAÇÃO (CIP)
ANGÉLICA ILACQUA CRB-8/7057

Albuquerque, Iandê
  Quero me pedir desculpas por todas as vezes que me culpei quando não era minha culpa / Iandê Albuquerque. - São Paulo : Planeta do Brasil, 2025.
  160 p.

ISBN 978-85-422-3184-7

1. Crônicas brasileiras I. Título

25-0482   CDD B869.8

Índices para catálogo sistemático:
1. Crônicas brasileiras

Ao escolher este livro, você está apoiando o manejo responsável das florestas do mundo e outras fontes controladas

2025
Todos os direitos desta edição reservados à
Editora Planeta do Brasil Ltda.
Rua Bela Cintra, 986, 4º andar – Consolação
São Paulo – SP – 01415-002
www.planetadelivros.com.br
faleconosco@editoraplaneta.com.br

este livro é dedicado a você que precisou se reconhecer como a parte mais importante do seu processo, que você também é uma grande perda, que também é o amor que vai chegar na vida de alguém e que merece o melhor da vida. dedico este livro para você, para que não se esqueça de se desculpar sempre que for preciso.

QUERO ME PEDIR DESCULPAS POR TODAS AS VEZES QUE ME CULPEI QUANDO NÃO ERA A MINHA CULPA

e por todas as vezes que me sabotei por coisas
que não estavam ao meu alcance.

e por tantas vezes que duvidei da minha intuição
quando, na verdade, eu sabia o que eu sentia.

e por todas as vezes que duvidei da minha capacidade
só porque o meu afeto não foi o suficiente
pra alguém permanecer.

e por todas as vezes que me submeti a aceitar situações
e relações que já não estavam me fazendo bem
só porque eu me prendia ao fato de que,
um dia, tinham me feito bem.

e por todas as vezes que eu ouvi demais, que dei muito
do meu tempo e da minha compreensão e permiti que
abusassem disso quando eu deveria ter dito: "não"!
e por ter me culpado por coisas que fizeram comigo. e por ter
ficado mal por me sentir culpado por isso. e, principalmente,
por insistir em me culpar todas as vezes que não consegui
superar situações assim no tempo que eu queria.

quero pedir desculpas por todas as vezes que não me
desculpei.
e por todas as vezes que não assumi a culpa
e acabei perdendo pessoas. inclusive eu mesmo.

desculpa, tá?

SOBRE A TARTARUGA

não é por acaso que a personagem do livro é uma tartaruga, e eu te explico o porquê...

bom, um dia me deparei com um vídeo em meu feed do instagram que me tocou de uma forma inexplicável.

o vídeo mostrava o nascimento de tartaruguinhas em uma praia, tudo filmado por um rapaz. até aí tudo bem, era só um vídeo com tartaruguinhas andando fervorosamente até encontrar o mar como o seu destino. mas não demorou muito para que eu percebesse o que aquele vídeo tentava me mostrar.

uma das tartaruguinhas tinha uma certa dificuldade em alcançar o mar. ela era frequentemente ultrapassada por outras mesmo tendo sido uma das primeiras a iniciar o trajeto. ela foi ultrapassada por várias outras enquanto errava o caminho inúmeras vezes, parava por estar cansada, recomeçava e se perdia novamente. parecia que o seu caminho tinha mais obstáculos, sabe? apesar de parecer ser o mesmo caminho que o das outras tartaruguinhas. até que, finalmente, quando alcançou o mar, ela não conseguia nadar. as ondas a jogavam para a areia novamente e a obrigavam a recomeçar pela centésima vez.

ela alcançou o mar inúmeras vezes, e foi empurrada para a areia outras dezenas.

apesar do processo difícil, ela não desistiu e, por fim,
alcançou uma onda que foi generosa com ela. uma soma de
resistência e o momento perfeito. a tartaruguinha finalmente
conseguiu nadar, entrar no mar e seguir o seu caminho.

o que eu quero dizer com isso é que este texto não
era sobre tartaruguinhas. era sobre a vida.

quantas vezes, em meio ao processo, a gente se compara
com o outro, sem entender que cada um tem a sua forma
de suportar as dificuldades e superar os momentos difíceis,
e que, diante dessa realidade, cada um tem o seu tempo e
uma forma de absorver os obstáculos e lidar com eles.

o importante diante da nossa jornada é não desistir
no primeiro tombo, muito menos no vigésimo quinto
tropeço. pra mergulhar no mar, a gente precisa primeiro
observar a maré. às vezes, você vai ter a sensação de
que falta tão pouco pra chegar lá, e nessa fase parece
ser tão mais difícil de alcançar. mas você vai entender
que algumas ondas vão te empurrar de volta pra areia
e às vezes esse acontecimento vai te salvar de entrar em
uma onda errada, de estar em uma relação equivocada,
de permanecer em um lugar que não te cabe.

você pode até pensar que o caminho é igual pra todo
mundo, mas eu preciso te dizer que a bagagem não é; logo,
o caminho também não é o mesmo pra todo mundo.
ninguém sabe o quanto você suportou pra chegar até aqui,
ninguém está dentro de você pra enxergar quais traumas e
medos você precisou enfrentar. então, não cometa o erro
de se comparar. lá na frente você vai entender que todo o
processo que passou te transformou em quem você é hoje.

se o processo estiver difícil, para um pouco, descansa e
depois recomeça no momento em que você se sentir melhor.

o mar vai continuar lá te esperando de braços abertos. não importa o tempo que você leve, não desista de você.

a areia, o sol, as ondas fortes, tudo parecia contrário ao chamado dessa tartaruguinha, mas quem não desiste do seu propósito não para até que ele seja alcançado.

se o rapaz que filmou o desespero dela tivesse pegado a tartaruga e a levado ao mar, o processo não seria o mesmo. a força que ela teria talvez não fosse a mesma no final de tudo. por mais que ajudar fosse a melhor das intenções, ele impediria o processo de desenvolvimento dela.

não importa o que você tem enfrentado, a verdade é que você já é um vencedor. você vai conseguir, apenas não desista!

a tartaruguinha deste livro nos representa
diante das inúmeras fases da vida.

a tartaruguinha deste livro é você,
sou eu,
todos nós.

este livro é sobre não desistir.
sobre continuar independentemente dos erros,
das decepções e das escolhas equivocadas,

e, principalmente, sobre se desculpar.

NÓS TAMBÉM SOMOS O AMOR QUE VAI CHEGAR NA VIDA DE ALGUÉM

às vezes, a gente esquece de se colocar nessa posição de pessoa incrível e admirável com que o outro terá a sorte de conviver.

reconhecer que somos uma grande perda é reforçar o valor da nossa existência. afinal, não chegamos até aqui à toa, não enfrentamos tantas desilusões e iniciamos tantas metamorfoses em vão, não passamos por tantos apertos pra não reconhecermos o quão grande somos. reconhecer o nosso tamanho na vida é sobre não nos conformarmos com qualquer espaço minúsculo e desconfortável que nos ofereçam.

também somos a pessoa boa que vai chegar na vida de alguém. e eu preciso te dizer que você não está errado por querer o melhor. a gente só quer alguém especial, alguém que tenha cuidado com os nossos medos, que tenha cautela com nossas inseguranças e respeito por nossas cicatrizes. a gente só quer alguém que traga paz pro nosso caos. não faz sentido manter relações que tragam ainda mais desordem pro nosso mundo, relações que intensificam ainda mais o nosso medo e nossas inseguranças, que disparam nossos gatilhos e estimulam nossa ansiedade.

não precisamos implorar pra que permaneçam como se tivéssemos o poder de fazer o outro gostar da gente. deixe que vá quem não deseja ficar, o caminho será mais agradável quando você perceber que o outro não está com você só porque você segura firme com medo de soltar, mas sim por escolha própria de caminhar na mesma direção.

a gente precisa se lembrar de que quando alguém sai da nossa vida, esse alguém também está perdendo alguma coisa. o que a gente não pode esquecer e perder de vista é o que ele está perdendo. o que te faz enxergar o quão incrível você é? qual o detalhe que você admira em você que faz você se sentir especial?

nós também somos o amor que alguém está esperando encontrar. e não precisamos nos manter em relações que não acreditam no nosso potencial e duvidam do nosso afeto. não precisamos convencer o outro a todo momento de que somos merecedores de confiança.

em vez de gastarmos o nosso tempo nos preocupando com o que será de nós se alguém nos deixar, por que não usamos esse tempo reconhecendo o quão incrível somos?

existem muitos pontos admiráveis em nós mesmos e detalhes que nos tornam únicos e genuinamente importantes.

também somos o afeto limpo e sincero que alguém está pedindo ao universo para receber.

ENCERRE UM CICLO ANTES DE PERDER A ADMIRAÇÃO PELO OUTRO, OU INSISTA NELE E CONHEÇA A PIOR VERSÃO DA PESSOA

quantas vezes nos agarramos ao que já não é na esperança de que o tempo faça renascer o que se perdeu? e, nessa insistência, vemos a essência do outro desvanecer, transformando-se em algo irreconhecível. o amor que um dia nos encantou, agora se veste de ressentimentos, de mágoas, de silêncios que gritam mais alto que qualquer palavra.

ter coragem para encerrar um ciclo é um ato de amor. amor por si mesmo, amor pelo outro. é sobre reconhecer que a beleza do que foi vivido merece ser preservada, guardada em um lugar onde ainda brilhe, intacta. insistir é arriscar transformar essa beleza em amargura, é permitir que o que era doce se torne ácido, que o carinho se transforme em indiferença.

continuar por comodidade ou medo do desconhecido pode nos levar a um ponto em que a mágoa ofusca qualquer lembrança boa.

e não é sobre desistir facilmente, sobre abrir mão de tudo sem ao menos tentar, não é sobre deixar ir qualquer boa possibilidade, é sobre permitir que vá aquilo que já não funciona, não acrescenta, não soma. é sobre desistir, ainda que com muita dificuldade e resistência, de algo que você até queria que continuasse na sua vida, mas por maiores razões, como sua saúde mental, precisa seguir outro caminho.

encerrar um ciclo permite que a gente tenha a chance de crescer e encontrar novas formas de felicidade.

por mais difíceis que sejam algumas escolhas, é melhor guardar boas lembranças do que insistir em algo que pode destruir tudo o que foi construído. encerre ciclos com dignidade e siga em frente, sempre aberto ao novo e ao que a vida ainda tem a oferecer.

O DESCONFORTO É O SINAL MAIS CLARO DE QUE VOCÊ ESTÁ EM UM LUGAR QUE NÃO TE CABE MAIS

infelizmente, a gente se mantém no desconforto para manter o conforto do outro. e fazemos isso por acreditarmos no amor, fazemos por achar que amar é acatar tudo o que o outro diz, que amar é se submeter a tudo o que o outro nos faz, que é aceitar tudo o que o outro nos oferece. e não percebemos que, na verdade, onde tudo é aceito talvez é onde mais aconteça a falta do amor. inclusive do amor-próprio.

a gente se coloca em espaços pequenos demais por medo de perder alguém, mas, se a gente for parar pra pensar, numa relação realmente leve uma pessoa emocionalmente saudável não sai da vida da gente quando conhece os nossos limites. os nossos limites fazem parte de quem somos, é sobre o que já passamos e sobre o que não gostaríamos de nos permitir novamente a passar, é sobre dizer onde dói e mostrar o limite das coisas que deixam a gente desconfortável.

eu sei que você gostaria de estar naquele lugar, e até tentou tornar aquele lugar mais habitável pra você, mas tudo a sua volta vai contra a sua permanência ali, não percebeu? a sua consciência de merecimento não te deixa se sentir confortável em lugares tão desconfortáveis. a tua maturidade emocional não permite que você fique em paz em ambientes tão escassos de afeto. o amor expande a gente, e, se você não sente isso, então você sabe que ali não é mais o seu lugar.

mas eu preciso te dizer que, toda vez que a gente sai de uma zona de desconforto, no começo dói. é estranho. mas fica melhor do que antes.

eu preciso dizer que, toda vez que a gente sai de uma zona de desconforto, no começo dói. parece que aquela decisão que a gente tomou é mais desconfortável do que a posição anterior desconfortável em que a gente estava, mas eu posso te dar toda certeza do mundo que a gente fica bem melhor que antes.

às vezes a gente precisa de coragem para se impor diante de situações e pessoas que nos deixam desconfortáveis, e precisamos estar preparados também para a solidão que vem a seguir.

o desconforto não mente.

tire a pessoa daquele pedestal que você colocou
e, por favor, sobe em cima do pedestal de uma vez por todas.
ocupe o lugar na sua vida. ele é todo seu!

QUANTAS VEZES JÁ CHOREI SEM ENTENDER QUE, NA VERDADE, A VIDA ESTAVA ME FAZENDO UM FAVOR

a gente só entende depois.

quantas vezes me vi mergulhado em lágrimas, sem compreender o propósito por trás delas. dias cinzentos, despedidas que eu não queria que acontecessem, saudade involuntária, vontade de querer ficar quando a melhor escolha seria partir. mas, com o tempo, percebi que cada lágrima derramada foi como uma semente plantada no solo da minha alma.

a vida, com sua sabedoria infinita, muitas vezes nos presenteia com desafios que nos parecem injustos e insuperáveis. mas é justamente nos momentos de maior dificuldade que somos forjados, moldados em nossa essência mais profunda.

é sobre compreender também que chorar não é sinal de fraqueza, mas sim de coragem. é sobre permitir lavar a alma, purificar os sentimentos e nos reconectar com nossa verdadeira essência.

por trás de cada momento difícil há uma lição a ser aprendida, uma oportunidade de crescimento e de transformação. a vida, com toda sua complexidade, muitas vezes nos coloca diante de desafios que nos parecem insuperáveis. mas é justamente nos momentos de maior dificuldade que encontramos a força para superar nossos limites e nos reinventar.

então, da próxima vez que sentir o peso do mundo sobre seus ombros, lembre-se: às vezes a vida só está te fazendo um favor. basta você aceitar e seguir. ela está te concedendo a oportunidade de renascer, de se reinventar e de encontrar força onde antes só havia fragilidade.

confie no processo,
mesmo que você não entenda agora.

SENTIR FAZ PARTE DO PROCESSO DE CURA

leve a sua tristeza pra passear.

durante o processo, vai doer. mas se eu puder te dar um conselho, seria: leve a sua tristeza pra passear.

chore o que tiver que chorar. sinta o que tiver que sentir. mas leve a sua tristeza para tomar uma água de coco na praia, para caminhar na praça, para ver pessoas. marque uma viagem com a sua dor, mergulhe de cabeça no mar, leve a sua tristeza para sentir a chuva sobre o seu corpo, para passear no parque e observar as plantas, ouvir o barulho do vento nas folhas das árvores. até que ela vá embora, faça a sua tristeza entender que você está viva e vai continuar viva, pra seguir em frente.

porque sentir faz parte do processo.

tudo bem viver a tristeza, só não more nela. dá pra tomar um cafezinho com a tristeza, mas não dá pra permitir que ela se torne uma inquilina. lá na frente talvez você nomeie os momentos que você está atravessando como os piores da sua vida. mas você vai resistir ao processo.

até a tristeza precisa passar pelo processo.

não é ela quem tem que te levar para os lugares que você não merece estar, é você quem tem de levá-la para onde você quer estar.

DECISÕES ERRADAS DOEM. DECISÕES CERTAS TAMBÉM DOEM
ÀS VEZES A GENTE PRECISA ESCOLHER ENTRE QUAL DOR A GENTE PRECISA SENTIR PRA SEGUIR EM FRENTE

"às vezes a gente precisa escolher entre qual dor
a gente precisa sentir pra seguir em frente."

eu faço questão de repetir essa frase como um mantra na minha vida para que eu nunca esqueça que mereço o melhor que o mundo pode me oferecer. eu mereço o melhor das relações, porque me comprometo em oferecer o meu melhor. mereço receber o melhor sentimento das pessoas que me proponho amar, porque eu sei que o amor que eu sinto tem um potencial de cura e acolhimento. eu mereço o melhor dos ciclos, porque eu sei dar atenção e cuidado necessários pra que esses ciclos permaneçam na minha vida, e reconheço quando chega o momento de encerrar o que precisa.

tudo o que sei sobre decisões difíceis é que, independentemente da escolha que a gente tome, é inevitável vivenciar a dor. o que muda são as consequências para as escolhas que fazemos. por exemplo, se você escolhe permanecer em algo que te machuca porque você tem medo de iniciar o seu processo de cura, você vai sentir doer mais do que se você tomar a decisão de dar o primeiro passo, de aceitar o fim de algo como um grande recomeço pra você, entende? são duas decisões que vão te fazer sentir, mas eu ainda acho que a melhor decisão é aquela que a gente se escolhe.

eu sei que parece simples dizer que você precisa seguir em frente, mas seguir em frente ainda será a melhor opção comparada a qualquer lugar desconfortável ou relação de migalha que te ofereçam.

às vezes, a gente precisa escolher qual dor vale a pena sentir. sentir a dor uma vez tomando a decisão certa? ou sentir a dor todos os dias tomando a decisão errada?

eu sei que às vezes bate uma dúvida se a gente está realmente tomando a melhor decisão. o costume faz a gente pensar se não seria melhor continuar permitindo que o motivo das nossas dores permaneça na nossa vida, ou se é melhor seguir em busca das desconhecidas possibilidades que terão no meio do caminho.

o que eu posso te dizer é que partir é movimento. e se movimentar é também sobre coragem. é sobre entender que a sua vida – essa única vida que você teve o privilégio de viver – é sua! e merece ser celebrada da melhor maneira possível, com pessoas que realmente te apoiem, com relações que te fortaleçam, com ciclos que te acolham.

no final das contas, quando você encosta a cabeça no travesseiro e desliga a luz do seu quarto, é com você que você está. e é por isso que você precisa se amar como ninguém será capaz de te amar, você precisa se dar o cuidado e a atenção como se você fosse a única pessoa no mundo que fará isso por você completamente, porque é isso que será. você será a única pessoa no mundo a ter a liberdade de fazer por você o tempo todo.

lembre-se disso. e se parecer difícil pra você se decidir, ainda assim, escolha você.

PRA TE LEMBRAR DE COISAS QUE TALVEZ VOCÊ TENHA ESQUECIDO AO SEU RESPEITO

sabe aquele dia, lá atrás, em que você achava que não iria suportar, e dizia que era muito pra você aguentar? você sentiu os dias difíceis e em vários deles você se perguntou se o desconforto que você sentia um dia iria passar. eu tô aqui pra te lembrar que você não só passou pelos seus dias mais desconfortáveis como encontrou conforto dentro de si mesma. você não só aguentou todas as alfinetadas que os seus machucados deram na sua estabilidade emocional, como encontrou o caminho de volta pra si mesma e se transformou.

você sabe que, durante o caminho, é inevitável que a vida nos apresente novos desafios que vão trazer também novas conquistas, novos machucados que vão nos levar a novos processos de cura, novas decepções que vão nos desafiar a encontrar novas formas de cicatrizar.

eu quero te lembrar: você é, sim, importante! você é digna de muito amor e respeito. você é incrível pela sua capacidade de se reerguer diante das guerras que você enfrentou contra si mesma. você é incrível pela forma como enxerga a vida, mesmo tão marcada e com algumas experiências que poderiam te fazer olhar o amor com péssimos olhos, mas você é amor, então eu quero te lembrar também que você precisa sempre olhar pra si e enxergar o que você é: você é amor, você é amável, você é potente!

os seus erros, e as suas tentativas que não deram certo, não te definem. o seu momento atual não é o seu momento final. então, se não estiver tão bem, vai passar. você sabe que vai. eu preciso te lembrar que processos existem pra que a gente aprenda, durante eles, a abraçar a nossa versão no final do processo.

e, por fim, eu quero te lembrar que, sim, você é suficiente. a sua existência faz diferença na vida de muita gente. é sobre nunca esquecer que você merece muito, porque você é muito.

quem te decepcionou vai continuar
a vida como se não tivesse te decepcionado.

lembra disso, e vê se cuida de você!

SOBRE CICLOS QUE PRECISAM SER ENCERRADOS, O QUE EU TENHO PRA TE DIZER É QUE A DOR PASSA, O BRILHO VOLTA, O CICLO MUDA, NADA É PRA SEMPRE

eu li por aí que a gente tem uma certa resistência em fechar ciclos e se abrir pra novas possibilidades, porque parece ser mais fácil viver em um lugar péssimo (mas que você já conhece), que desbravar novos lugares que você nunca viu antes.

só que é justamente aí que o melhor acontece: se abrir pra novas possibilidades é se dar as mãos e dizer pra você mesma: "eu tô aqui, e a gente vai provar pro medo que ele sempre esteve errado".

o desconhecido dá medo, né? e é trágico pensar como a gente se acostuma a permanecer em ciclos que machucam por medo de assumir os riscos de encontrar novos ciclos. o medo faz a gente se descuidar da gente, faz a gente arrumar as malas e não partir porque o primeiro passo é realmente o mais difícil de ser dado. faz a gente insistir em bater em uma porta fechada mesmo sabendo que não tem nada depois dela.

quantas vezes você sabia que precisava encerrar ciclos com gente otária, mas ainda permanecia neles porque acreditava que o desconforto de estar ali era mais confortável que buscar algo novo? é, eu sei, muitas vezes, né?

o medo faz a gente encontrar conforto em uma dor, faz a gente preferir se adaptar a um lugar apertado que a gente sabe que vai doer, em que a gente sente que não serve mais, faz a gente colocar um quadro no buraco que só cresce pra disfarçar que talvez seja melhor a gente pular por ele, que tentar cobrir e fingir que ainda existe algo pra ser admirado ali. muitas vezes a gente sabe que a admiração acabou. que não tem paisagem, porque não tem cuidado mais.

o medo faz a gente se descuidar da gente, faz a gente arrumar as malas e não partir porque o primeiro passo é realmente o mais difícil de ser dado. e o ego faz a gente insistir em bater em uma porta fechada mesmo sabendo que não tem nada depois dela.

sobre ciclos que precisam ser encerrados, o que eu tenho pra te dizer é que a dor passa, o brilho volta, o ciclo muda, nada é pra sempre. o primeiro dia é sempre o mais difícil, mas você vai sentir a sensação de inutilidade diminuir gradativamente à medida que você vai reaprendendo a se preencher, e o processo, por mais que seja a parte mais chata no seu caminho, vai ser a razão pela qual você chegará ao resultado final, olhando pra si e agradecendo a coragem que teve de seguir.

por fim, eu preciso te dizer que fechar ciclos dói. mas permanecer costurando ciclos que te rasgam também dói. e dói pra caralho. então você precisa ter coragem pra fechar o que precisa fechado, porque é isso que vai te abrir pras coisas que vão, de fato, te preencher.

ALGUMAS RELAÇÕES ACABAM QUANDO VOCÊ ESCOLHE VOCÊ

a verdade é que você perde pessoas no momento em que se coloca em primeiro lugar. algumas relações se esvaem das suas mãos quando você aprende a priorizar a sua saúde mental, a delimitar bem os seus limites, a definir com firmeza o que você aceita e o que não aceita.

você percebe o tamanho do egoísmo de algumas pessoas quando você escolhe você, porque esse ato afasta quem quer que você se coloque de lado e o priorize o outro em primeiro lugar, quem quer que você abra mão do autocuidado que você aprendeu a ter por você diante de tantas catástrofes amorosas em que você se envolveu. só você sabe o quanto precisou sentir e superar para chegar ao ponto de entender que a pessoa mais importante da sua vida é você!

quando você escolhe você, relações que te queriam se submetendo ao mínimo começam a se rachar, pessoas que gostavam de te ter sempre disponível e correndo atrás perdem a frágil estrutura que tinham.

eu perdi as contas de quantas relações chegaram ao fim quando finalmente eu decidi escolher a mim. e se eu puder te dar um conselho, esse conselho é: esteja atento se as pessoas e relações às quais você se dedica estão dispostas a também se dedicarem a você. perceba se as relações que você construiu continuam te admirando quando você escolher você, e se entendem que escolher a si é mais do que essencial pra que você escolha alguém, ou se essas relações se rompem quando você faz essa escolha.

não fique com alguém que faz você se sentir errado quando você escolhe você. que faz você se sentir mal quando você começa a ir atrás das suas coisas, a buscar por seus planos e sua melhor versão. se saiu da sua vida porque você se escolheu, então não é uma perda.

você não merece se sacrificar por fazer uma escolha que, me permita te dizer em caixa-alta,

é a escolha mais certa que você vai fazer
na sua vida: **ESCOLHER VOCÊ!**

você é a única pessoa que te faz companhia o tempo todo, são seus pés que te aguentam e te carregam todos os dias, que suportam o peso de ser quem você é.

você merece oferecer carinho a si mesmo.

NÃO SEI COMO VOCÊ ESTÁ SE SENTINDO AGORA, MAS, SE VOCÊ PEDIU UM SINAL, ESTE TEXTO É PRA VOCÊ

eu sei que você deve estar se questionando: "por que mais uma vez eu estou passando por isso?", e eu realmente acredito que confiar é uma qualidade sua, que ter coragem para encarar as relações depois de tantas quedas bruscas é, sim, admirável. e que se permitir ser vulnerável como se nunca tivesse passado por um trauma na vida é, sim, sobre ser forte.

mas eu preciso te lembrar sobre os limites!

você também precisa ter coragem de impor os seus limites tanto quanto tem coragem de se jogar. precisa lembrar de dizer não antes de esquecer de dizer sim pra você. precisa entender que a intensidade que te entrega tudo é a mesma que te rouba tudo quando você não tem responsabilidade com o que você sente.

eu preciso te lembrar também que: o respeito por você mesma é a base de tudo. eu sei que, às vezes, o que a gente sente por alguém deixa a gente meio confuso, mas é preciso lembrar que você precisa vir em primeiro lugar.

não importa o quão forte seja o que você sente por alguém, jamais deixe que ele ultrapasse o respeito que você tem por você. você merece ser tratada com dignidade, merece ser valorizada e amada da mesma forma que você se ama.

só você sabe o quanto foi dolorosa e difícil a sua jornada de autoconhecimento. se conhecer e se reconhecer diante de tantas relações que te fizeram duvidar de você.

então, que você seja o seu próprio lembrete diário,
que jamais esqueça de colocar o seu bem-estar, a sua autoestima e a sua dignidade acima de todas as coisas que te prometem. sem culpa. sem achar que esse ato é egoísmo.

vê se não esquece de se tratar como a
pessoa incrível que você é, tá?

O QUE EU DIRIA PARA A MINHA VERSÃO MAIS ANTIGA

oi

eu vou começar essa conversa sem te culpar, como tantas vezes te fiz carregar a culpa de situações e decepções que não eram sua culpa. e te fiz acreditar que você era errado por entregar afeto. e te contei mentiras como quando te intitulei de trouxa porque você só queria dar o seu melhor, como tantas vezes deu o seu melhor em tudo. e, mesmo assim, eu te cobrei achando que você deveria ter feito mais, deveria ter falado mais, ter entregado mais, e, sem perceber, fiz você carregar um fardo de responsabilidades que não era só seu, de coisas que não dependiam só de você.

lembra daquela mania que você tinha de esperar demais e projetar no outro o que você gostaria de receber? então, eu aprendi a lidar com isso melhor, e finalmente entendi que eu vou ter que lidar com as frustrações das coisas que eu espero dos outros, porque, no final das contas, é sobre o que eu espero dos outros, não exatamente sobre o que os outros vão me dar. e que, mesmo que isso seja um pouco assustador, não é tão ruim assim, porque pode ser um ótimo momento pra gente criar uma distância da expectativa que colocam na gente, ou da expectativa que a gente coloca no outro. eu aprendi a olhar mais pra mim e, em vez de me questionar por que não dão aquilo que mereço, passei a me perguntar se estou me dando o que eu realmente mereço.

inclusive, fiz você tentar, e tentar, e tentar de novo, até ter a todo custo, e não percebi que o custo de coisas que não são recíprocas, de pessoas que não são pra gente, é alto demais. às vezes custa a nossa estabilidade emocional. e eu entendi o valor de manter a minha mente em equilíbrio, você não compreendia que abrir mão era essencial, e agora eu entendo que é preciso te dizer que abrir mão não é só essencial, às vezes é uma necessidade.

eu lembro bem que você perdia o seu tempo tentando encontrar evidências e buscando por respostas pra justificar a permanência das pessoas na sua vida como se você estivesse sempre com medo de ser traído. eu confesso que não gosto de ser traído, porque o processo depois de uma traição é doloroso, às vezes minucioso, exige paciência, força, cura. mas eu não tenho mais medo, porque entendi que não é sobre mim. eu não tenho que ficar mal pela falta de caráter dos outros, como tantas vezes fiz você se sentir mal, e se sentir culpado, insuficiente e desinteressante.

olha só que engraçado, a gente só precisava olhar pela perspectiva de que não era sobre a gente. nunca foi.

daqui, eu preciso te dizer que muita coisa de você ainda existe em mim. e agradeço por isso. mas agradeço também por muita coisa não fazer mais parte de mim. por você ter sido um dia a minha versão em processo de amadurecimento e permitido que eu me transformasse em quem eu sou agora. eu sei que tenho muito a melhorar, e que essa minha versão de agora talvez nem faça mais parte de quem eu vou ser daqui a um tempo.

aqui tem novas marcas, os traumas foram substituídos por outros, novas demandas exigem mais a minha preocupação. por exemplo, não dá para me preocupar

com quem me faz mal, porque a demanda agora
é me preocupar em me fazer bem, entende?

eu diria: respeite o seu tempo e aproveite o processo.

por mais que você se sinta vulnerável e queira que as coisas
aconteçam para ontem e que algumas situações passem
o mais rápido possível, às vezes não tem muito o que
fazer a não ser aproveitar o processo. eu sei que é difícil
também a gente tentar desfrutar de uma fase meio pesada,
né? parece que não faz sentido tirar do caos um abrigo.

mas eu sempre digo pra mim mesmo: a vida não é um mar
de flores, a gente cai, a gente levanta, a gente tenta de novo.
a gente se decepciona, a gente se recupera. pra evoluir a
gente precisa provar posições não tão confortáveis assim.

diante desse processo entre cair e se reerguer, entre
estar perdido e voltar pra si mesmo, a gente aprende
um bocado. ainda que seja difícil enxergar uma luz
em meio à tempestade, ainda que seja complicado
encontrar um caminho melhor no meio do fogo
cruzado, é sobre continuar, não desistir. é clichê me
dizer isso: mas eu prefiro acreditar que o que ainda não
aconteceu vai acontecer da melhor forma, porque o
processo vai tornar a chegada ainda mais incrível.

se tem um conselho que posso dar é: ouça os sinais que
o seu corpo físico te dá! perceba como seu corpo reage
diante de relações, pessoas e afetos que você insiste
em manter na sua vida. nosso corpo é nossa casa, e
ele sempre nos avisa quando a visita precisa ir!

nosso corpo dá sinais o tempo todo, é uma pena que
muitas das vezes a gente ignore esses sinais. e, às vezes,
a gente só se dá conta depois que percebe a bagunça
que a visita deixou pra gente arrumar sozinho.

tem vezes que começa com sinais sutis. um calafrio
que a gente confunde com medo, mas que tá mais
para um perigo mesmo, sabe? o estômago embrulha.
o peito palpita descompassado. as placas intuitivas
do nosso corpo tremem numa escala de 9.8 na escala
richter. a gente sente tudo, de dentro pra fora.

eu sempre converso comigo mesmo e eu tenho uma filosofia
de que, quando alguém chega na vida da gente pra somar,
pra acolher, pra trazer paz e amor de verdade, a gente sente a
nossa bagunça fazer mais sentido. mas quando alguém chega
pra bagunçar ainda mais, pra trazer guerra em vez de paz,
pra sucatear nosso afeto, menosprezar nossos sentimentos,
o corpo da gente (que é a nossa casa) sente e reage.

ele sempre tenta nos avisar, porque quando estamos envolvidos, tentando e querendo amar, a gente deixa alguns avisos passarem despercebidos. e, então, a pessoa quebra um copo, e a gente não percebe porque está remendando o sofá que a pessoa rasgou. depois o outro arranca um quadro da parede e a gente não percebe porque tá tentando recolocar as cortinas que foram rasgadas.

sabe como é?

o que eu quero dizer é que o nosso corpo é a nossa casa. quando alguém quebra, fere, ou rasga algo dentro da gente, o corpo reage! e que estejamos atentos a esses sinais pra que a gente não continue a negligenciar a nossa saúde física e mental.

esse texto não é sobre copos ou cortinas. é sobre marcas que a gente precisa cuidar. e alguns cuidados exigem, principalmente, que a gente entenda: não adianta trocar as cortinas se quem te impede de ver a vida com amor lá fora continua aí dentro.

CURAR-SE
NÃO É LINEAR

caso você esteja precisando ler isso hoje, eu quero te dizer que o processo de cura às vezes é confuso e incompreensível.

tem seus altos e baixos, tem dias melhores e dias mais pesados, tem momentos em que a gente acha que já está num estágio avançado e que está prestes a concluir esse processo pra definitivamente se sentir curado, até que a gente se depara com um momento que se sente mais vulnerável, que a dor daquele machucado, que parecia já estar em sua fase de cicatrização, volta a doer. como se a gente tivesse esfregado exatamente o local da ferida em uma parede grossa, sabe?

eu preciso te dizer que se curar é um processo, às vezes, cansativo, mas preciso te dizer também que a gente se cura quando a gente menos espera; num dia qualquer a gente acorda e sente que finalmente aquele vazio foi preenchido por algo nosso, sabe?

quer saber quando você realmente se curou de algo? quando você fala sobre o ocorrido e não sente doer, quando você reconhece que aquilo um dia doeu, mas que já passou o seu tempo, porque você permitiu sentir tudo em vez de fingir que não estava sentindo nada.

quando chegarem aqueles instantes em que você sente, chora e se pergunta "até quando isso vai ficar por aqui?", lembre-se de que o processo de cura exige que você aprenda a dar o tempo necessário para suas dores passarem, você precisa sentir e permitir que passe.

eu não quero te dizer que é fácil, porque não é. eu também não tenho a intenção de dizer quando vai passar pra você, mas eu sei que vai, porque pra mim passou. confesso que algumas marcas demoraram mais que outras, alguns traumas permaneceram por mais tempo do que outros.

eu não quero te dizer que vai passar mês que vem, porque pra você pode passar amanhã. o processo de cura não é linear, mas é evolutivo. por isso, confie no processo. um dia de cada vez. você vai chegar ao dia em que as estrelas pra você nunca estiveram tão belas.

um lembrete:

colocar certas pessoas em lugares em que elas
te colocam não te torna uma pessoa ruim.

APRENDER A AMAR AMORES CONFORTÁVEIS É INCRÍVEL

esses dias eu ouvi em um podcast a seguinte frase: "a gente precisa amar o tédio que é um amor saudável".

e isso me pegou.

às vezes o que a gente chama de tédio, a vida reconhece como um momento confortável, uma passagem em que os envolvidos finalmente encontram o sossego e não se tem nada para se preocupar além de perceber o silêncio, e sentir a paz de um amor tranquilo. porque, para ser bom, não precisa ser aquela montanha-russa de sentimentos, que por vezes desequilibra a gente, e por isso a gente pensa que essa seja a maneira certa de sentir o amor.

nos ensinaram que a relação, para ter amor, precisa ser instável, precisa ter choro e desespero, pra que tenha sorriso e acolhimento. precisa ter fogo que queima, pra que tenha a brisa que refresca. a gente aprendeu que o amor tem que doer, porque só assim a gente sente. mas sentir doer não é a mesma coisa que sentir amor.

privilégio é chegar num nível da relação em que você olha o outro no sofá, de pernas cruzadas, lendo uma revista ou, simplesmente, olhando pro teto, e você sorri. porque percebe que a permanência é espontânea. privilégio é você ter alguém pra sentir o tédio com você. pra dividir o silêncio.

porque se a gente for parar pra pensar, na nossa vida, a gente tem momentos de tédio, e muitas vezes esses momentos são essenciais pro nosso autoconhecimento, pra que a gente se ouça e converse consigo mesmo, não é? então, por que é que a gente se revolta tanto quando percebe o tédio em uma vida a dois?

maturidade é reconhecer que o tédio não determina o fim. o tédio vive nas relações. aprender a tornar esses momentos confortáveis também é um ato de preocupação, de cuidado e, principalmente, de amor.

a real é que eu perdi as contas de quantas vezes eu achei que o meu gostar tinha se perdido quando, na verdade, eu só não tinha me encontrado no sossego. de quantas vezes eu fui embora porque eu não conseguia enxergar motivos pra ficar em um lugar confortável quando, na verdade, tudo que eu tinha conhecido era ficar em lugares turbulentos. a intensidade me fez acreditar que precisava ser intenso no início, meio e fim, e quando eu conhecia o sossego eu pedia pra descer.

o que eu quero dizer pra você é que o tédio te apresenta detalhes da vida que você não tinha percebido, e te faz observar o outro com cautela, e te faz perceber que a tranquilidade é uma fase que precisa ser admirada. o amor não precisa estar sempre em alta velocidade, tem momentos em que parar pra apreciar o pôr do sol é sobre aprender a amar amores saudáveis.

talvez seja sobre isso que o cazuza falou: "eu quero a sorte de um amor tranquilo com sabor de fruta mordida".

antigamente eu tinha mania de querer sempre saber
o porquê das coisas. até perceber que saber certas coisas
me magoavam ainda mais. tem situações que a gente
não precisa buscar explicações, apenas tomar decisões.

o nosso tempo é precioso demais pra gastarmos
buscando por explicações e respostas.

a gente se machuca menos aceitando
e priorizando o nosso tempo ao nosso favor!

sério, é incrível você se orgulhar de quem você é,
do seu caráter, saber que você é leal, fiel,
sincero e transparente com as pessoas com que você se
relaciona,
independentemente de quantas vezes
você já se quebrou na vida.

é extraordinário dormir com a sensação de ser justo.

UM TEXTO PRA TE ABRAÇAR AGORA

eu não te conheço, mas eu queria te
falar algumas coisas agora.

às vezes eu sei que você se sente completamente
desmotivado, machucado, exausto. eu sei também que, às
vezes, você sente que as coisas não estão se encaixando, e que
você tropeça na sua bagunça, mas eu sei também que você
sempre esteve pronto pra reorganizar seus conflitos. você
sempre teve força pra seguir caminhos pra solucionar suas
dores, pra estancar suas feridas e cicatrizar seus machucados.

então, por favor, continue cuidando de você, com
paciência, respeito e zelo. você vai se curar. e, se você
estiver com medo de encerrar ciclos, saiba que é preciso
existir um fim para haver um novo recomeço.

ouvi dizer que para cada lugar de que a gente se despede
tem um novo lugar fazendo festa pra nos receber. então
se desfaz desse medo bobo, se dê as mãos, convide a
coragem pra seguir com você. eu tenho certeza de que você
encontrará lugares melhores nos seus próximos passos.

eu sei que recomeços são assustadores, mas vão existir
momentos na vida que você precisará se reinventar, se
redescobrir e renascer. pode ser doloroso e você vai pensar
em desistir algumas vezes. mas, quando passar, você vai
perceber que valeu a pena cada gota de suor e lágrimas
que você derramou durante esse processo denso.

alguns sentimentos precisam ser sentidos pra que a gente possa aprender como se curar deles. algumas experiências precisam ser vividas pra que a gente possa ter a nossa própria bagagem. às vezes, a gente precisa chorar um oceano pra aprender a navegar nele.

por fim, eu queria que você fosse dormir
hoje fazendo as pazes com você, tá?

EU POSSO TE GARANTIR QUE VOCÊ VAI VENCER, E NÃO SÓ ISSO, VOCÊ VAI CONTAR DAS SUAS DORES COM ORGULHO DE QUEM VOCÊ SE TORNOU

apenas respire.

eu sei que pedir isso pra você pode não fazer sentido agora porque você ainda está sentindo doer, e essa dor te confunde, né? você se pergunta quando vai passar, quando as coisas vão se consertar e você finalmente vai conseguir olhar pra sua marca e falar sobre ela na mesa do bar ou numa roda de conversa com os seus amigos, e quando vai contar o quanto, um dia, aquilo parecia que iria te engolir e você foi forte e conseguiu vencer.

eu sei que você se pergunta quando vai chegar o momento em que a marca vai se tornar uma lição ou um exemplo que você vai dar pra algumas pessoas que vão passar pela mesma situação que você passou, e esse machucado vai virar um conselho que você vai dizer pra alguém de quem você gosta: "você vai conseguir passar

por isso, porque um dia eu passei por algo parecido,
e estou aqui pra te dizer que vai passar também!".

talvez você questione o que fez pra vida te apresentar penhascos, ou ter tirado o seu teto e o seu chão, ou ter permitido que você se ferisse ao tocar os espinhos, mas eu preciso te dizer que algumas situações, por mais difíceis que sejam, dependem de como a gente reage, ou pra qual direção a gente olhe. o penhasco pode ter a melhor visão panorâmica do horizonte. as flores são bonitas e possuem espinhos, mas você pode encontrar um lugar pra decorar. podem até ter tirado o chão e o teto, mas você ainda tem o céu cheio de estrelas e os seus pés pra encontrar um novo caminho pra caminhar e seguir.

partidas doem, algumas decepções parecem arrancar um pedaço da gente, eu sei. perder, às vezes, quebra a gente, mas às vezes uma perda é um ganho, um término é um novo recomeço pra você, ir embora é ir em busca de um lugar melhor.

eu sei que isso pode parecer papo de autoajuda, mas eu posso te garantir que você vai vencer, e não só isso, você vai contar das suas dores com orgulho de quem você se transformou, porque eu garanto que você já fez isso com situações pelas quais você já passou.

e se você passou, você passará!

relações maduras exigem conversas desconfortáveis,
precisam de diálogo transparente.

relações maduras só permanecem maduras
quando os envolvidos arriscam ser vulneráveis.

VOCÊ NÃO É AS SUAS TENTATIVAS QUE NÃO DERAM CERTO

cansativo, eu sei. talvez essa seja a palavra perfeita pra definir o quão exaustivo é tentar, e tentar de novo, e tentar mais uma vez.

mas eu quero falar um pouco sobre essa sensação que as tentativas deixam na gente. de se sentir exausto por ter que recomeçar mais uma vez depois de ter compartilhado uma parte de você, depois de ter aberto um pedaço seu carregado de manias, gostos e segredos pra alguém mais uma vez, depois de ter entregado seu tempo e sua presença, depois de ter se acostumado e ter que desacostumar, e ter que recolher todas as suas expectativas, e ter de aprender a ser ainda mais maduro pra lidar com os espaços que ficam, com a falta que você sente em algum dia da semana, ou com a saudade que não avisa quando está chegando.

o processo de retornar para si e se reencontrar mesmo que você não tenha se perdido, por mais que seja incrível, o momento em que você alcança os seus braços de volta e segue a sua vida, o processo em si é cansativo. porque é pesado.

você pode até ter passado por isso outras vezes, pode até já saber o melhor caminho ou ter decorado passos pra ficar bem o mais rápido possível. mas, até ficar bem, você sente um pouquinho. e é esse ponto que é cansativo.

o ponto em que você se vê voltando mais uma vez sozinho, e então você sente que precisa se conhecer melhor, e se escolher, e continuar indo pra um caminho de que você desviou um pouco quando conheceu o outro. você sente esse desvio.

mas o que é que sobra no final de tudo, quando você se sente exausto? quando você vê mais uma tentativa sumindo na sua frente como uma brisa que te toca, mas segue outro caminho. o que sobra?

ainda assim vai sobrar você! mesmo dando tão errado tantas vezes. sobra você pra recomeçar algo novo pra você, com você e sobre você. no seu tempo.

sobra o recomeço pra você entender que também é importante descansar a mente e o coração para novas conexões. e, por mais que seja um processo de autoconhecimento e amadurecimento, é cansativo, eu sei. mas ainda assim sobra você.

e você não é as suas tentativas que não deram certo. você é recomeço, transformação e afeto.

ESSES DIAS, EM MEIO A UMA CRISE DE ANSIEDADE, DESSAS QUE PARALISAM A GENTE, EU ME ENXERGUEI DE FRENTE COM A CORAGEM, E ELA ME DISSE: EU SEI QUE VOCÊ TÁ INSEGURO, COM MEDO, INQUIETO, MAS VOCÊ PRECISA SEGUIR MESMO ASSIM

não seguir com pressa, sabe?
seguir do seu jeito.
seguir de modo que você consiga aproveitar o tempo, sentir o vento tocar no seu rosto, e entender que na vida, por mais rápida que pareça passar, você merece prestigiar os detalhes.
merece ir com calma, respirar fundo, sentir o agora, entende?

e, então, eu decidi me dizer o que eu quero pra mim:

eu quero ter coragem pra me abrir, e conseguir abraçar sem medo as coisas boas da vida. quero entender que a minha intensidade não é exatamente o problema; pra ser sincero, ela é, na verdade, a coisa mais potente que eu guardo em mim, eu só preciso aprender a dedicar a minha intensidade nos lugares, nas vivências, nas relações, nas experiências certas.

eu quero parar de fugir quando acho que não vai dar certo, porque o que eu acho não tem que ser maior do que aquilo que eu sinto. ok, tudo bem que ter vivido algumas experiências nos ensina a perceber lugares de onde a gente precisa se retirar. mas eu quero parar de fugir de tudo por achar que nunca vai dar certo.

quero parar de contar mentiras pra mim, sobre mim, dizendo que eu não mereço o melhor dos outros, dizendo pra mim mesmo que eu preciso perder o meu tempo dando espaço pra quem já provou que não tem o menor cuidado com o lugar que eu ofereço em mim.

eu quero ficar calmo quando perceber a calmaria de um amor tranquilo, e parar de achar desesperadamente que as coisas vão dar errado só porque eu me acostumei com amores que me machucaram.

eu quero entrar no mar das boas experiências sem ter que ficar olhando para os lados, inseguro, achando que, a qualquer momento, alguma coisa vai me engolir, sabe? quando, na verdade, eu só preciso aproveitar o momento de sossego e repousar. quero conseguir aproveitar mais.

vida.

não que eu não consiga aproveitar.
é claro que eu não só consigo, como eu sei os caminhos
que me levam aos lugares que me fazem bem.

só que, às vezes, a gente esquece, né.
a ansiedade traz alguns pensamentos de instabilidade.

e, aproveitando, eu quero que eu saiba abraçar os meus
momentos instáveis e entender que são só instantes, que,
por mais pesados e árduos, são só instantes. vai passar.

e, por fim, eu quero me lembrar que a vida
é totalmente feita de mudança, e eu quero
ter coragem pra seguir aceitando isso.

UM DIA VOCÊ VAI ENTENDER TUDO ISSO

é claro que hoje, diante do que você está sentindo, é difícil saber quando vai ficar tudo bem e se realmente vai ficar tudo bem. mas a única certeza que temos é de que, no final das contas, as coisas se acalmam, a gente começa a conseguir se segurar sozinho e se guiar pra um caminho melhor.

eu sei que é clichê dizer isso: dói, mas passa. e claro que não vai passar de uma hora pra outra. o processo é gradativo e durante esse processo você vai entender o que talvez não consiga compreender agora.

você ainda sente muito. e sente como se esses sentimentos confusos, que se misturam, de sentir falta, de tocar a tua pele e sentir que por dentro ainda dói, de olhar pra suas memórias e sentir como uma agulha espetando teu peito. porque você não sabe quando vai passar. ou porque você não sabe se quer que passe realmente.
ou porque você talvez não queira aceitar que precisa passar.

o que eu posso dizer é que o processo é gradativo. você sente hoje, acorda meio pra baixo, vai seguindo da sua maneira e no seu tempo, tenta fazer algo por você e pra você, e é nessas ações de não soltar a sua mão e se preocupar consigo mesmo que as dores vão passando.
você nem percebe, mas quando você se olha com carinho, quando você estende as mãos pra você, quando você diz

pra si mesmo: "eu não vou te deixar!" – são essas pequenas atitudes de autocuidado que vão te curar. aos poucos.

você sente hoje, amanhã continua sentindo, depois sente um pouco, mês que vem menos ainda. até você se sentir novamente inteiro e bem.

e eu sei que você anda se esforçando pra entender, ou se maltratando em busca de uma resposta que talvez esteja bem clara na sua frente: as coisas não dependem só de você! as escolhas do outro são do outro! você não pode fazer absolutamente nada que não esteja ao seu alcance.

e, um dia, você vai entender tudo isso. vai compreender que você esteve no lugar em que precisava estar, passando por coisas que te fizeram trocar de casca, suportando situações que te fortaleceram, e chegando até onde você vai chegar.

um dia você entende que você é o que você vai precisar pra se curar.

EU VI UMA FRASE QUE DIZIA: "SE EU POSSO ME TRATAR MELHOR DO QUE VOCÊ ME TRATA, ENTÃO EU NÃO PRECISO DE VOCÊ"

e isso me fez pensar sobre o quão importante é colocar os nossos limites e entender o momento em que algumas relações ou pessoas estão ultrapassando esses limites e nos machucando.

a verdade é que às vezes as pessoas vão te tratar da maneira que você se permite ser tratado. quando você permite que o outro te machuque só porque você quer muito que o outro continue ocupando aquele lugar na tua vida, é como se você estivesse dizendo: "tudo bem você ficar aqui me machucando porque é isso que eu mereço".

toma cuidado com as chances que você dá pras pessoas que te machucam. e com o espaço que você reserva pra quem não tem consideração por você, porque muito provavelmente essas pessoas vão continuar te machucando cada vez mais.

dar chances pra quem te machuca tanto é tornar a dor rotina.

afaste-se. se for preciso, afaste-se! você tem capacidade de se cuidar grandiosamente, você sabe que tem. e por mais que existam aí – dentro de você – inúmeros traumas que, às vezes, te fazem cometer o deslize de aceitar coisas que você não aceitaria, eu desejo que você saiba se retirar, que não esqueça jamais desse ato que te salvará de círculos viciosos, de relações capengas e de sentimentos rasos.

você pode e consegue se tratar bem. e se sabe
como se tratar da melhor forma possível, então
você sabe também que merece gente que te trate
bem. afinal de contas, isso é o mínimo.

se não for pra te tratar bem, você não precisa. aliás, você não precisa de ninguém pra começar a se tratar bem.

e se a gente parasse de se questionar:
por que essa pessoa não está me dando o melhor dela?
e começasse a se questionar:
por que eu estou insistindo em dar o meu
melhor pra alguém que não se importa tanto?

talvez isso esclarecesse muita coisa.

ÀS VEZES A GENTE INSISTE EM RELACIONAMENTOS POR TANTO TEMPO ACREDITANDO QUE A PESSOA VAI MUDAR E NÃO CONSIDERAMOS O QUE ELA JÁ É

a gente continua por acreditar no potencial que enxergamos de mudança, e não no que realmente a pessoa mostra ser. a gente continua pelo que gostaríamos que fosse, e não pelo que é, de fato.

e isso não é saudável. inconscientemente, a gente repete comportamentos que nos causam danos profundos por achar que pra que as nossas relações sejam boas e vinguem, elas precisam de espera por uma mudança que não vai vir e uma dose de sacrifício da nossa saúde mental pra que o outro deixe de ser quem é pra ser quem realmente promete ser.

e eu preciso te dizer que: enquanto você aceitar continuar se relacionando com pessoas que te machucam e te pedem perdão por não estarem "prontas", você não vai encontrar uma relação que seja, de fato, pronta. uma relação madura, leve, responsável e consciente. e eu não

estou falando de relação perfeita. alguém pronto pra se
relacionar com você é diferente de alguém perfeito.

uma pessoa pronta vai entender suas próprias expectativas e
o limite das suas próprias idealizações, e não vai exigir que
você se encaixe perfeitamente no que ela quer que você seja.
a pessoa pronta vai te aceitar do jeito que você é, e a partir do
que você mostra ser, ela escolhe se é compatível com você.

a pessoa pronta não vai tentar te moldar às suas
próprias exigências, negligenciar a sua identidade
e tudo aquilo que faz parte de você, te deixando
desconfortável só pra que ela se sinta confortável.

que ninguém vai ser perfeito, isso a gente já sabe. e eu espero
que você não espere isso de ninguém. mas você não pode se
manter ao lado de uma pessoa esperando que ela melhore,
diante de atitudes que você sinalizou que te machucam.

o limite que a gente coloca, muitas vezes,
nos salva de relacionamentos capazes de nos
limitar e impedir de ser quem a gente é.

a pessoa pronta é alguém pronto pra se relacionar com
você de maneira leve, madura e responsável. alguém
pronto é alguém que já é, não alguém que promete ser.

SOBRE FASES DIFÍCEIS

eu queria começar te contando sobre a pior fase da minha vida porque foi nela que aprendi a importância de ir embora, de me oferecer a mão e dizer pra mim mesmo: "você precisa ir agora". foi indo que eu me libertei de relações que me machucavam, me desvencilhei de ciclos que me impediam de crescer, me livrei de certos buracos emocionais.

e eu não estou te dizendo que não vai doer. vai doer, sim, por inúmeros motivos. vai doer quando você se sentir insuficiente, porque, vamos confessar, a gente fica mal com a gente mesmo, né? o peso de achar que errou afeta a gente. por isso vai doer também quando você iniciar o processo de resgatar a sua autoestima. vai doer quando você achar que perdeu alguma coisa, porque a gente sempre acha que perdeu algo a que a gente estava acostumado, mesmo que o "algo" tenha sido péssimo pra gente. só que essa sensação vai passar. e é aí a parte mais incrível do seu processo. a parte que você começa a enxergar que pra passar precisa doer um pouco, e tudo bem você sentir agora, porque é sentindo que você vai aprender a encontrar a melhor maneira pra se curar.

e, então, você começa a sentir a virada de chave e entender que o que você está sentindo, por mais difícil que seja, é muito pequeno diante das experiências que é possível viver e das infinitas possibilidades que vão aparecer no seu caminho.

só que pra isso você precisa se levantar, se movimentar, permitir que o sol toque a sua pele, vestir uma roupa que te deixe confortável, aceitar aquele convite da sua amiga, sair mesmo que naquela sexta-feira você não esteja tão a fim. permita quebrar o ciclo de "não estar a fim" e "não se permitir viver", pois não se permitindo viver você não consegue estar a fim nunca. você precisa romper toda e qualquer ligação que te paralise.

mesmo que o lugar em que você esteja pareça cômodo, você sabe que não é nada confortável pra você porque ali não é o seu lugar preferido. então, por favor, vá em busca do seu lugar preferido.

talvez o seu *glow up* seja você se apanhar nos braços e fazer por você, ainda que não esteja a fim. afinal, a única pessoa que tem a obrigação de cuidar de você é você! assumir essa responsabilidade, ainda que nos seus dias mais difíceis, é o que vai te levar à cura.

é satisfatório demais você olhar pro machucado que alguém
te fez
e não ter coragem de machucar também.
mesmo sentindo doer, você não tem coragem de
fazer o mesmo porque a sua essência não permite.

quero te dizer que a sensação de ter
o coração leve por não ter coragem de
fazer o que fizeram com você é uma dádiva!

SE AS COISAS VÃO ACONTECER NO TEMPO CERTO, POR QUE TANTA AGONIA PRA QUE ACONTEÇAM O MAIS RÁPIDO POSSÍVEL?

você vive tropeçando nos seus próprios passos porque tá sempre apressado pra chegar em algum lugar quando, na verdade, você perde os detalhes que aparecem no meio do caminho – e esses detalhes muitas vezes poderiam te ajudar a lidar com alguns de seus conflitos, a ter coragem pra fechar ciclos, a se curar quando os fechar, a compreender que o tempo é preciso e que apreciá-lo te ajuda a se prevenir de se meter em lugares que não são pra você.

o tempo ajuda a gente a compreender que não dá pra perdê-lo insistindo em relações ruins, e amores meias-bocas, sabe?

então, tenta entender que o melhor da vida nem sempre acontece na chegada, às vezes é no caminho, no processo.

e, se você parar pra pensar, as coisas mais incríveis que te aconteceram não foram exatamente no final, mas tudo o que você experimentou pra chegar até ali, tudo aquilo que você passou e precisou desdobrar pra se reabrir pra vida, as experiências boas e não tão boas assim.

quando a gente chega lá, naquele ponto em que a gente sente um alívio, uma sensação de sossego por ter alcançado o que a gente, por tanto tempo, estendeu as mãos pra tocar, sabe? não é o fato de ter conseguido, porque só ter conseguido não faria nenhum sentido se você não tivesse vivido tudo o que você viveu.

respira.
desacelera.

e vê se coloca isto na sua cabeça: não são as grandes conquistas que fazem a vida valer a pena, são aqueles pequenos detalhes que acontecem durante o processo.

TALVEZ VOCÊ TENHA FICADO TANTO TEMPO NAQUELA RELAÇÃO JUSTAMENTE POR CAUSA DA SUA LEALDADE

talvez, em algum momento, você tenha olhado para aquela pessoa com um olhar de ternura e esperança, enxergando nela um reflexo do que você mais valoriza no mundo: a entrega sincera, o afeto genuíno e a capacidade de acreditar no melhor que o outro pode ser.

só que existe uma linha tênue entre entregar a sua lealdade pra alguém que entende o seu valor, e precisar virar as costas pra alguém a quem você escolheu ser leal, mas que não compreende o peso disso.

a gente não ama por simplesmente querer, a gente ama por primeiramente escolher. óbvio que precisamos estar abertos pra assumir essa escolha. mas a gente escolhe aquela relação, a gente escolhe aquela pessoa. e claro que existem escolhas que fazemos que custam a nossa estabilidade emocional, mas ainda assim são nossas escolhas. o adulto percebe quando os caminhos estão insustentáveis quando os lugares são desconfortáveis demais. sabemos quando a balança desequilibra e pende mais pro lado ruim nos apresentando inúmeros motivos pra escolher abrir mão, mesmo que seja abrir mão de algo ou alguém que anteriormente escolhemos amar.

o que eu quero dizer com isso é que, da mesma maneira que escolhemos amar alguém, temos poder e autonomia o suficiente pra partir, mesmo que a gente ainda sinta muito. você não precisa esperar não sentir mais nada ou transformar o que você sente, que ainda é sincero e bonito, em algo traumatizante pra ter de ir. na maioria das vezes você vai precisar partir ainda sentindo muito. é no processo que a gente aprende a (des)escolher o outro.

eu quero te lembrar que, se você ficou tanto tempo em uma relação, saiba que foi porque você escolheu isso, e se escolheu era porque o seu coração acreditou que podia fazer sentido permanecer, ainda que as possibilidades de dar certo fossem pequenas, ainda que soubesse que o desconforto era um sinal. quero te lembrar também que a sua lealdade é admirável, e é ela que você precisa ter por você quando reconhecer o momento de partir.

talvez essa tenha sido a forma que você aprendeu de amar, talvez essa tenha sido a maneira como você foi ensinado a amar: "jamais abandonar aquele que você ama". e, então, mesmo que as pessoas te mostrassem o quanto não se importavam com você, mesmo que os outros te machucassem, que não te respeitassem, você não conseguia encontrar motivos suficientes pra ir embora.

e muito provavelmente você tem mania de se culpar pelo tempo perdido, pela entrega que você dedicou a uma relação, mas você já parou pra pensar que talvez você não sabia outra coisa? pra você, era amor.

você ficou porque talvez tenha sido o que você sabia fazer naquele momento. era o que acreditava que podia dar certo. e eu tenho certeza de que o que era amor pra você vai virar lição, que agora, sim, vai se transformar nos seus novos limites. você vai aprender a se escolher e a aceitar quando você não for a escolha do outro. você vai perceber o que é amor, e mais do que isso, vai aprender a escolher amar de forma consciente, e o mais importante: a escolher quem merece o seu amor.

ALGUMAS COISAS NÃO VÃO TER EXPLICAÇÃO

você não precisa buscar o desfecho pra tudo. você não tem que tentar entender o motivo pelo qual alguém te machucou como se isso fosse mudar alguma coisa. nem todo mundo vai te dar explicação.

é, eu sei que é revoltante saber que nem todo mundo vai te dar explicação, principalmente quando você espera a mínima consideração do outro. existe outra verdade que é: nem todo mundo terá consideração por você. por mínima que seja.

não interessa se você acredita que as pessoas precisam ter responsabilidade afetiva e explicar pra você o que fez elas te machucarem. também não importa se você sente a necessidade de explicar os motivos pelos quais você não merecia que o outro te machucasse.

você não precisa buscar por respostas só porque você não consegue encarar o silêncio como um sinal importante de desinteresse. algumas relações vão terminar mudas. alguns ciclos vão terminar antes de cair a ficha de que chegaram ao fim. você vai procurar explicação pra tudo pra conseguir seguir em frente?

você não merece viver esperando que ouçam quando te magoaram, como você se sentiu ou o quanto doeu em você. algumas explicações vão te doer mais do que a ausência delas.

estar machucado já é sofrimento o suficiente pra
que possamos atravessar e superar. não precisamos
expandir esse sofrimento buscando entender por
que nos machucaram. às vezes, ir atrás do motivo
das nossas dores só nos apresenta novas dores.

a gente sente a necessidade de buscar por um desfecho
pra seguir em frente, porque não aprendemos a encarar
a realidade de que quem nos perde também perde
alguma coisa, e não precisamos mostrar pro outro o
quanto somos uma grande perda. até porque talvez isso
não faça muita diferença pro outro; se fizesse, você não
estaria tentando mostrar o seu valor, não é mesmo?

muitas vezes acreditamos que precisamos sentir mais
dor do que já nos causaram, que precisamos nos
corroer com mais decepções, ou nos sentir ainda mais
descartados, desimportantes, humilhados, pra que a
gente tenha mais motivos pra seguir em frente como se
os motivos que já nos deram fossem insuficientes.

tiramos o curativo dos nossos machucados pra senti-
-los de forma mais intensa e, assim, entendermos
que precisamos seguir. mas não precisa ser assim! a
vida é incrível demais para negligenciarmos o nosso
processo de cura com culpa e falta de acolhimento.

você não precisa buscar uma justificativa, explicação ou
resposta pra algo de ruim que alguém te fez, o problema não
está exatamente na falta de respostas, o problema está quando
você permite que voltem e te machuquem novamente.

eu não estou te dizendo que responsabilidade afetiva não é
importante ou levantando a bandeira da anticomunicação.
o que eu quero te dizer é que responsabilidade emocional
é importante. mas a gente precisa, antes de tudo, entender

que o outro não tem obrigação de preencher nossos vazios, ou de corresponder às nossas expectativas. a gente não tem que implorar por isso. responsabilidade afetiva não se cobra, se tem! passei muito tempo da minha vida achando que eu deveria ter responsabilidade afetiva com pessoas que só me machucavam, até entender que responsabilidade afetiva é sobre ter com quem te respeita e te considera; quem não se importa com você merece o seu afastamento.

eu sou uma pessoa que sempre escolhe conversar e dizer o que sente, mas, no auge do meus trinta e três anos, eu entendi que nem sempre o outro vai agir como eu; às vezes, o silêncio do outro, por mais que seja difícil para mim, também é uma resposta e eu não preciso ficar lutando por diálogo. comunicação é essencial, mas comunicação sem escuta é insistência.

nem todo mundo vai te dar explicação.

às vezes, dormir é o maior ato de autocuidado
que você pode fazer por você.

tá estressado? vai dormir! cansou? vai tirar um cochilo!
muita coisa na mente? dorme um pouquinho.
tá se achando feio? descansa a beleza.
tá na crise de autoestima? uma dose de cochilo!
tá pensando em ligar ou mandar mensagem pra quem não merece?
vai dormir que passa!

ALGUMAS HISTÓRIAS VIRAM MEMÓRIAS, OUTRAS A GENTE SÓ PEDE AO UNIVERSO PRA SE CURAR E ESQUECER

sério, que agonia é a sensação de você gostar de alguém e precisar abrir mão, e ter que se acostumar com a falta que aquela pessoa vai causar, e ir contra tudo o que você planejou com a pessoa porque agora você precisa ir de encontro a você. e, por mais que você saiba que caminhar de volta pros seus próprios braços sempre será o melhor caminho, você sente como se fosse errado.

as memórias e os momentos estalam no seu peito, enquanto você só precisa deixar ir. os planos que foram feitos explodem dentro de você e matam cada borboleta que ainda restou. a gente se pergunta: "mais uma vez isso está acontecendo comigo?" como se fosse a última. não foi a primeira e talvez não será a última. a vida nos apresenta a hora de partir, a gente permanece o tempo que a nossa insistência e teimosia nos ilude.

na vida a gente vai presenciar o final da estrada por diversas vezes, no meio do caminho talvez a gente precise soltar algumas mãos pra continuar a jornada em busca do que realmente faz sentido pra gente.

algumas histórias viram memórias, outras a gente só
pede ao universo pra se curar e esquecer. mas, para
toda e qualquer experiência vivida que chega ao fim,
o gosto do término é sempre um pouco amargo.

a gente se vê na obrigação de se acostumar com a falta
de algo que a gente acostumou a ter. e ter de admitir
que acabou uma história que a gente dedicou tempo
pra escrever. e ter que atravessar a saudade de algo
que você sabe que, talvez, nunca mais terá por perto,
e ter que suportar o nosso próprio ego esfregando na
nossa cara que a vida também é sobre impermanência,
e pouco importa a dor que a falta de algo te fará.

perder alguém que a gente aprendeu a amar
dói. mas poderia ser pior se você escolhesse se
perder pra fazer alguém te encontrar.

Carla Madeira escreveu "para quem está sozinho
depois de ter amado, o fim do dia é muito triste".

só quem amou verdadeiramente, e esteve disposto a
construir algo leve e bonito, respeitoso e verdadeiro, só
alguém realmente capaz de sentir, tocar e compartilhar
o amor na sua forma mais genuína de cuidado e
afeto, de escuta e diálogo, de coragem e empatia, sem
essas amarras, sem joguinhos, sem controle e ciúmes,
entende a sensação que fica quando você precisa abrir
a porta para um potencial de amor ir embora.

a gente sente o fim do
dia como se fosse o dia do fim.

UMA CARTA PARA AS PESSOAS QUE ME AMAM MESMO QUANDO EU NÃO SOU CAPAZ DE ME AMAR

eu quero começar esta carta dizendo que, por mais que eu saiba que a vida é uma verdadeira montanha-russa, e que eu sou a única pessoa que vai sentir as mudanças, os atritos internos, as minhas frustrações em todo o processo de altos e baixos… eu quero dizer que você tem sido importante na minha jornada. porque é como se você estivesse do meu lado, conferindo se meu cinto tá apertado, me dizendo: "vai ficar tudo bem", "no final de tudo você vai sorrir, mas até lá vai sentir um gelo na barriga, o coração meio acelerado, você vai gritar, perder a voz, ficar em silêncio, chorar de desespero. mas você vai rir no final das contas. prometo".

por mais que eu já tenha passado por processos difíceis, desses que te deixam instável demais, inseguro demais, sem saber reconhecer que um trecho apertado não é o trajeto inteiro. é só uma parte. um fragmento. você me lembra disso.

porque você sabe que eu sobrevivo, que eu sou forte, e que eu esqueço disso às vezes. e obrigado por ser a pessoa que me lembra desse detalhe. obrigado por ser quem fica do meu lado e até grita comigo as minhas emoções quando a montanha-russa (chamada vida) desce de vez.

a minha autoconfiança às vezes tropeça, sabe? o meu medo às vezes me abocanha. a minha coragem fica meio nervosa, sem saber se é pra ir mesmo assim, ou se eu fico esperando o tempo passar. mas aí você diz: "bora! coloca uma roupa e vamo sair".

o tempo vai passar porque é a função dele, algumas coisas também vão passar, a dor também vai passar. e obrigado por tornar o meu tempo mais proveitoso. com mais riso e fofoca. você me faz perceber que a coragem, na verdade, é um medo corajoso. e que ela está até mesmo nos pequenos detalhes, quando deixo os meus pés pra que a água gelada do mar bata neles, quando eu olho no espelho e me vejo, quando eu me retiro de um lugar não confortável e vou em busca do que me conforta. ainda que sozinho.

você sempre diz: "melhor sozinha que mal acompanhada". e olha só que ironia, às vezes eu esqueço disso também.

às vezes eu esqueço de como reagir, até que você manda um áudio: "reage, gostosa!".

o amor é como a coragem. está nos pequenos detalhes, e você me faz lembrar que o amor é acolhimento. obrigado por me amar mesmo quando eu esqueço de me amar.

PARE DE ODIAR AS SUAS DESPEDIDAS

aconteceu de novo, né?

mais uma vez você se vê sozinho, se despedindo de algo em que não estava preparado pra colocar um fim. mais uma vez a sensação de que você perdeu um tempo da sua vida se dedicando pra uma relação que acabou antes mesmo de você aceitar que acabou.

mais uma vez você olha pras suas mãos e sente que mais uma tentativa se esvaiu por elas e o pior disso tudo é a sensação de que você não foi capaz de segurar.

mais uma vez a vida te mostrando que você não tem o controle de tudo, que nem tudo depende de você, e que, algumas vezes, por mais que você queira, a sua vontade será insuficiente pra manter certas relações.

mais uma vez a vida te dizendo que você não tem o poder de mudar ninguém, e por mais que você entregue o seu melhor, algumas vezes isso não vai ser o bastante pra que o outro te enxergue e melhore por você. mais uma vez você percebendo o fato de que ninguém vai mudar por você. porque as pessoas mudam, sim, mas mudam quando enxergam a necessidade de mudar. mudam quando aceitam que precisam evoluir. e a gente não tem a capacidade de fazer ninguém enxergar isso. você pode até tentar, mas vai ver o quão exaustivo vai ser.

aconteceu de novo, né?

mais uma vez você caindo em si e se perguntando como pôde permitir que ultrapassassem tanto os seus limites. essa sua mania de usar a empatia unilateral com quem você gosta enquanto negligencia a sua saúde emocional permitindo que ignorem as suas marcas e pisem novamente nas suas cicatrizes.

mais uma vez você se pegou se perguntando o que você fez de errado. mas deixa eu te dizer, talvez você tenha até cometido alguns erros com você, mas agora não é hora de se culpar. você tentou mais do que deveria porque acreditou que conseguiria salvar o outro. você insistiu mais do que suportaria porque se recusou a abrir mão do amor mais uma vez. você se esticou pra caber porque acreditou que isso seria o maior gesto que você poderia ter.

mais uma vez você tem que estender os braços pra você, segurar firme suas mãos e assumir o caminho de volta a si. mais uma vez você enxergando que o que precisa agora é atravessar o processo, que, por mais que você já tenha sentido isso outras vezes, você sabe que dói um pouco como se fosse a primeira experiência de despedida.

mais uma vez você vai precisar resgatar seus planos pessoais, ressignificar momentos, aprender a tirar o peso de algumas lembranças e transformar em boas memórias para seguir em frente, mais leve.

mais uma vez você se deparando com mais um fim, com a sensação de que você vai precisar recomeçar.

porque recomeçar cura.

PARE DE ADIAR AS SUAS DESPEDIDAS. FINAIS DE CICLOS SÃO TÃO IMPORTANTES QUANTO RECOMEÇOS

talvez você nem sinta saudades da pessoa. talvez você só sinta medo de perder o outro. e sentir saudades é totalmente diferente de sentir medo.

o medo faz a gente insistir em lugares que a gente sabe que já nem nos cabem, ou porque a gente cresceu, ou porque o espaço do outro cresceu. o medo faz a gente persistir em relações que a gente já sente e enxerga que não faz bem, porque se fizesse a gente não choraria tanto, não nos sentiríamos tantas vezes menosprezados, não sentiríamos tanta dúvida e insegurança.

o medo faz a gente achar que o que o outro está oferecendo já está de bom tamanho, quando, se a gente parasse pra dar ouvidos a nossa consciência, não permaneceríamos mais nem um segundo em certas relações.

o medo faz a gente se acostumar ao desconforto. a gente até tem vontade de ir embora, mas o medo faz a gente duvidar do que tem lá fora. mesmo que por um momento a gente relembre de todas as vezes que

a gente foi com medo e percebeu que lá fora tinha
muito mais do que o lugar que insistíamos em ficar.

a saudade faz a gente querer estar junto de alguém
que quer estar junto da gente também. a saudade
traz a sensação de que a presença do outro importa,
e importa porque ela acolhe, traz leveza, faz
bem, porque permite que você seja você.

a saudade abraça o coração, faz a gente lembrar que o
afeto é importante e que, por isso, a saudade é como se
fizesse um cafuné pra gente dormir tranquilo, como se
afastasse a ansiedade porque a gente sabe que está com
alguém que cura, e não que traz novos machucados. a
saudade não é um sentimento de falta, é você perceber
o outro como um bom complemento na sua vida, ainda
que a sua vida seja completa, ainda que você já se sinta
inteiro, ainda que você já tenha você. a saudade faz você
sentir que ter o outro na vida é sobre somar, não subtrair.

às vezes o processo de cair na real é aceitar que,
definitivamente, chegou ao fim, faz a gente acreditar
que sentir o luto é sentir saudade, mas é só sobre
sentir falta, e sentir falta não é exatamente sobre sentir
saudades. talvez seja só sobre o medo de perder alguém

de vista,
da sua vida.

carrego uma frase comigo que diz assim:
"sempre vai existir alguém que não vai enxergar o seu valor. não deixe que seja você".

que eu jamais acredite que a falta de interesse de alguém signifique que não sou importante.

que eu jamais acredite que a falta de interesse de alguém signifique que não sou importante.

O ESFORÇO PRA MUDAR ALGUÉM ACABA MUDANDO A GENTE. E QUANDO PERCEBEMOS JÁ ESTAMOS TÃO FORA DE QUEM SOMOS QUE QUANDO PRECISAMOS VOLTAR PRA DENTRO DE NÓS PARECE TÃO ERRADO

a vida é uma dança constante entre quem somos e quem queremos ser. nos esforçamos tanto pra moldar aos outros, pra ajustar suas arestas ao nosso próprio ideal, que acabamos nos esquecendo de que a verdadeira mudança começa de dentro. é como uma jornada silenciosa na qual, aos poucos, nos perdemos de nós mesmos, guiados por um desejo incontrolável de nos transformar.

lembro das tantas vezes em que me dediquei a esse esforço e fui me afastando da minha essência, me tornando um reflexo distorcido das expectativas que eu tinha dos outros.

então, vem o momento de introspecção. a gente se olha no espelho e mal reconhecemos quem somos. aquele brilho nos olhos, a paixão genuína, tudo parece tão distante. o retorno pra dentro de si mesmo se torna uma tarefa árdua, quase como uma viagem ao desconhecido. o lugar que deveria ser o seu refúgio agora parece estranho, desconfortável.

mas é nesse desconforto que encontramos a verdade. a jornada de volta é necessária. a gente precisa se redescobrir, pedaço por pedaço, entendendo que a verdadeira transformação não vem de mudar o outro, mas de aceitar e abraçar quem somos. quando conseguimos isso, a vida ganha uma nova perspectiva, mais leve, mais autêntica.

que você possa sempre se lembrar de que, ao tentar mudar o mundo ao seu redor, você não deve esquecer de cuidar e de nutrir o mundo que existe dentro de você.

CINCO VERDADES QUE VOCÊ PRECISA APRENDER A ACEITAR. AFINAL, VOCÊ É ADULTO, CARAMBA!

1. você não tem o alcance de tudo e nem tudo depende de você. a melhor coisa que você fará em nome da sua estabilidade emocional é aceitar que as escolhas dos outros não dependem de você. você não tem que se desgastar por coisas que não estão ao seu alcance, e nem deve esperar que os outros façam o que você faria.

2. você pode ser uma pessoa incrível, mas isso não te dá o poder de fazer os outros mudarem por você. o outro vai mudar por vontade própria. o outro vai escolher ser melhor quando achar que é realmente necessário. por mais que você ofereça o seu melhor, isso não te garante que o outro fará isso por você.

3. não terceirize a responsabilidade de se fazer feliz! você vive se frustrando e se sentindo mal por achar que os outros têm a obrigação de te fazer feliz. você merece, sim, o melhor que o outro possa te oferecer, você merece

ser feliz, você merece pessoas que intensifiquem a sua
felicidade, mas você precisa aceitar que ninguém te
deve nada, ninguém tem a obrigação de te fazer feliz.
essa é a sua responsabilidade! é a sua obrigação!

4. você já passou da idade de procurar relações que te curem.
na vida, a gente pode até encontrar pessoas que curam, mas
a verdade é que a sua cura emocional só depende de você!
as pessoas não são curativo. não se relacione esperando que
as relações cicatrizem suas dores. o único amor capaz de
ativar o seu processo de cura é o seu amor por você mesmo.

5. tenha maturidade pra entender que você vai errar também.
que você vai ser péssimo às vezes. que talvez você seja um
pouco egoísta. que fale demais. que talvez seja imaturo
também. e a gente precisa estar disposto a se enxergar. a
ver o próprio reflexo, pra entender e evoluir sempre.

nunca permita que alguém se sinta confortável
o suficiente pra te tratar como qualquer coisa só
porque você tem medo de perder o afeto dessa pessoa.

ESTE TEXTO NÃO É SOBRE SAPATOS...

você tem um sapato que não cabe mais em você, que faz seu pé doer, que machuca, é desconfortável pra caramba. mas você insiste em usar porque ele já fez parte de tantos momentos bons. já te fez bem, mas agora não te faz mais.

você fica implorando pra que ele caiba perfeitamente em você, e acredita que ele vai melhorar com o tempo; enquanto isso, você deixa de alcançar o que merece porque ele te impede de caminhar. ele machuca, te impede de seguir em frente, faz você se cansar de você, faz você ficar no canto reclamando de dor, porque você não tá conseguindo manter a postura. você manca, tropeça em você mesma, mas insiste em usá-lo porque um dia você olhou pra ele e achou que seria o sapato perfeito pra você ter na sua vida.

por fora ele até parece novinho, novinho. mas é só você calçar que ele aperta, te faz calos, te traz machucados. e toda vez que você tenta tirá-lo da sua vida a tua insegurança te faz pensar: "mas, talvez, se eu continuar forçando ele vai caber e vai voltar a me fazer bem".

é isso que ele faz com você: te deixa insegura, te faz perder o seu brilho, te deixa com medo de dar os primeiros passos. todo mundo que te vê percebe que você não era assim. você andava com mais confiança, liberdade, coragem.

mas esse sapato não vai fazer mais bem!

porque você cresceu! você amadureceu! e quando a gente amadurece é normal que certas coisas não façam mais parte da nossa vida, algumas coisas não vão mais ter o mesmo encaixe de antes, ou melhor, não vão mais encaixar de jeito nenhum, porque perderam o sentido, perderam o cuidado, o carinho, o significado.

existem outros sapatos mais confortáveis, você ainda consegue caminhar em busca do que realmente te faz bem, e você não merece ter com você nada que te impeça disso.

às vezes a gente só precisa ir descalço um tempo. sentir as ondas do mar nos pés, pisar firme no chão. você nasceu pra dar passos largos e firmes, pra sapatear, se assim desejar, pra dançar a vida sem medo e sem dor. você merece correr e sentir a brisa no rosto, sorrir sem risco de chorar, e, quando quiser, descansar. mas descansar por você, não porque algo te obriga a "parar".

e, oh, esse texto não é sobre sapatos, tá?

devagar. essa é a palavra.

eu sei que às vezes a gente tem a sensação de
que tudo está fora de lugar, que a gente tá meio atrasado,
ou que as coisas estão demorando pra acontecer.

talvez você só esteja querendo
que aconteça tudo de uma vez. e não vai.

LEMBRETES SOBRE O PROCESSO PELO QUAL VOCÊ ESTÁ PASSANDO:

vai com calma. sem pressa. sem agonia. o processo pelo qual você está passando vai se transformar em aprendizado, mas até lá você vai sentir.

não precisa correr tanto. cuidado pra não tropeçar nos seus próprios passados. correr desesperadamente em busca do que você acha que é seu pode te afastar do que, de fato, te pertence e daquilo que te espera sem que você precise correr.

você pode até se perguntar: *quando isso tudo vai passar?*, mas nunca questione sobre o seu poder de cura e de transformação. você tem potencial suficiente pra passar por essa fase e vai falar dela com sorriso no rosto como todas as vezes que superou e sobreviveu.

já parou pra pensar que, às vezes, o problema não é você, mas sim o lugar onde você insiste em permanecer?

durante o seu processo, você vai precisar fazer escolhas difíceis. vai ser necessário escolher entre continuar por amor ou partir por amor a você. vai ser preciso escolher entre ficar e se perder de você ou ir embora pra se encontrar.

algumas vezes vai parecer que você não avançou algumas casas. mas acredite, você está fazendo isso. mesmo que seja aos pouquinhos a ponto de você achar que está parado. você está em movimento, pequenos passos também é sobre progresso.

no final do dia, é você com você que resta. é você quem coloca curativo nas suas feridas. é você quem cuida dos seus conflitos internos e ouve as suas inseguranças gritarem. então vê se não esquece de se cuidar, tá bem?

eu tenho uma responsabilidade emocional absurda
com as pessoas com as quais eu me envolvo. sabe por quê?

porque eu sei o quanto dói ser enganado, usado,
manipulado, traído. e eu jamais escolheria
machucar alguém dessa forma.

quando a gente sabe exatamente a dor de uma ação,
a gente jamais escolheria machucar alguém da
mesma maneira que nos machucaram.

NÃO SE DISTRAIA, CARAMBA!

você prometeu pra si mesmo que iria fazer dar certo. que dessa vez você iria focar em você. você prometeu que esse seria o seu ano e que você iria dar o melhor pra você!

então, não se distraia, caramba!

você prometeu que iria cuidar mais de você,
que iria ouvir mais a sua intuição,
e considerar a sua partida todas as vezes que
percebesse um padrão se repetindo.

você disse pra si mesma que iria se priorizar,
que iria parar de insistir em manter pessoas e relações na sua vida
só pra que você não encarasse aquele vazio que fica
quando a gente se despede de algo, independentemente do tempo
e do quanto a gente sentia.

você prometeu que iria abraçar os seus processos em vez de ignorá-los
só pra não ter que se sentir mal.
você sabe que, até ficar bem, a gente se sente mal por um tempo.
ainda que você resista em aceitar esse fato,
o processo que te levará à cura, antes, te apresenta a dor.

e você prometeu que iria respeitar o
seu tempo e os seus processos.

você prometeu que iria focar em você, realizar aqueles
planos que você deixou de lado, retornar ao caminho
de que você desviou, você prometeu que iria entender
que o amor não nos afasta de quem somos, o amor
não nos distancia dos nossos planos e projetos pessoais.
você merece realizar tudo o que deseja. você prometeu
que, se alguém cruzasse o teu caminho, você não
iria mais abrir mão da sua própria bagagem.

você prometeu que não iria esquecer da vida que prometeu
pra si mesma.
prometeu que não iria se despedaçar pra manter alguém
inteiro.
que não iria pisar em cima dos seus limites de novo
só pra não perder algo que não dá a mínima se vai te perder.

prometeu que não iria se manter desconfortável
pra deixar o outro confortável.

você prometeu que não iria se afastar de si mesma
quando as coisas ficassem difíceis.

então, não se distraia!

APRENDA A
NÃO IR ATRÁS

você vai sentir, sim! mas sozinho.

a pessoa talvez nunca saiba o quanto você a
queria, e, na verdade, isso não importa muito,
porque ela já não te queria mais.

e eu não estou dizendo pra você não demonstrar o que sente,
ou pra você não comunicar o que você quer. quando a gente
se envolve com alguém que dá sinais de que realmente gosta
da gente e quer ter a nossa presença na vida dele, a gente se
esforça, a gente escuta, a gente comunica, a gente tira um
tempinho pra compreender, pra alinhar nossas expectativas;
enfim, quando a gente quer definitivamente, a gente faz.

eu, por exemplo, já me envolvi com alguém que eu sabia
que gostava muito de mim, mas por quem, infelizmente,
eu não consegui construir o mesmo apreço e a mesma
vontade. mas mesmo assim eu sabia o quanto o outro
queria só pela maneira como me tratava, pela forma que se
comportava, pelo cuidado, por se importar de verdade, sabe?

desculpa a sinceridade, mas você não precisa mandar
aquele textão porque o outro não se importa, e
talvez nem vai ler tudo o que você queria dizer
porque não é relevante pro outro, entende?

você não precisa buscar por respostas que claramente estão
ali em forma de atitudes. essa sua mania de querer buscar
por uma explicação vai sempre te levar ao caminho da

frustração simplesmente porque nem tudo vai ter uma explicação, e você não precisa buscar o porquê de tudo.

você não tem que implorar pra que alguém fique na sua vida, você precisa, sim, reconhecer que você é uma grande perda! às vezes, a gente se humilha tanto para ter tão pouco de alguém na vida da gente, sabe?

não volte atrás só porque você tá mal.
não volte atrás só porque você está triste.
não volte atrás só porque você tá meio borocoxozinha.

siga em frente, siga firme! o seu eu do
futuro vai te agradecer por isso.

COMUNICAÇÃO É ESSENCIAL, MAS COMUNICAÇÃO SEM ESCUTA É INSISTÊNCIA

este texto é um lembrete de que falar não é o suficiente; você precisa entender a diferença entre descarregar o que você tenta dizer enquanto o outro nem sequer tem interesse em responder. comunicação ocorre quando existe uma ligação de fala e escuta das duas partes, não quando existe ausência de um lado.

comunicar-se é essencial, mas não é o bastante. precisa ter escuta, precisa ter diálogo, precisa que aconteça uma dinâmica entre o falar e o ouvir. afinal, a verdadeira comunicação é uma via de mão dupla, em que ambas as partes compartilham suas histórias, pensamentos e emoções.

eu não preciso te lembrar que aquele textão que você pensa em enviar pra aquela pessoa que, claramente, não se importa só vai ser um textão, não vai ter valor pro outro. às vezes, a gente precisa repensar para quem e onde a gente faz questão de gastar o nosso tempo.

você pode até ser uma pessoa que ama comunicação, que entende que o diálogo é também sobre responsabilidade afetiva, que dizer o que sente é importante pra você e para a manutenção das suas relações. você pode entender que falar e ser transparente é, sim, sobre maturidade, mas você precisa entender também que a importância da comunicação precisa do outro lado te ouvindo e retribuindo o diálogo.

você não merece falar sozinho.
você não merece enviar um textão, por mais que seja um desabafo, pra alguém que não tem a menor consideração em te ouvir, e talvez nem leia a segunda frase do que você escreveu.

para além do comunicar, a escuta é, sim, também sobre responsabilidade afetiva. quem se importa vai te ouvir.

por hoje é só.
agora vai dormir e pensa nisso, tá bem?

vira uma chave quando você entende que, toda vez
que você fica onde não deveria, você perde muita
coisa incrível que poderia estar acontecendo com você.

ÀS VEZES VOCÊ VAI PRECISAR TOMAR DECISÕES QUE VÃO QUEBRAR O SEU CORAÇÃO SÓ PRA QUE VOCÊ SE SINTA MELHOR

dói.
eu sei que dói.

por mais que você escolha a sua paz, vai doer. por mais que você precise abrir mão pra não abrir mão de você, vai doer. por mais que você saiba que o melhor pra você talvez seja perder alguém, vai doer.
porque abrir mão dói, recomeçar dói,
ter paz também dói às vezes.

só que a grande diferença entre as escolhas difíceis é que, quando a gente se escolhe, as coisas vão ficando gradativamente mais leves, tudo vai voltando aos poucos pro seu devido lugar. é mais leve estar ao nosso próprio lado e passar por momentos difíceis, do que estar ao lado de alguém que torna os momentos mais difíceis, sabe?

vai doer, sim, só que a dor de fazer uma escolha difícil, mas que no final vai te ajudar a se reencontrar,

vai ser "melhor" de ser sentida do que aquela dor de
permanecer ao lado do motivo dos seus machucados.

a dor de um processo de autoconhecimento, ainda
que seja uma dor, ainda que incomode dentro de
você, será sempre melhor do que a dor de se repartir
como um castelo de areia nas mãos de alguém que não
vai te ajudar quando você desmoronar, ou pior, nas
mãos de alguém que é o motivo do seu colapso.

às vezes você vai precisar tomar decisões que vão quebrar o
seu coração só pra que você se sinta melhor. e eu sei que vai
ser difícil, posso até te dizer que algumas vezes o processo
de desprendimento vai parecer impossível de ser superado.
porque às vezes escolher ficar bem significa que a sua escolha
de ficar bem vai te fazer se sentir mal até você ficar bem de
fato, porque a gente se acostuma tanto a escolher o outro que
não percebemos quando o outro deixa de nos escolher, ou
melhor, esquecemos que também somos uma grande perda.

abrir mão de algo que você ama porque você reconhece
que não é mais pra você dói. eu sei que dói.

mas pense bem, por que desistir de algo por você é tão difícil
se, na verdade, você está escolhendo não desistir de você?

dói porque escolhas são difíceis.

mas se escolher vai ser o motivo da sua cura
e da sua abundância. você vai ver.

*"às vezes, a gente continua perdoando
alguém até não amar mais essa pessoa"*

e há tanta verdade nisso que chega a doer.
a gente perdoa por gostar até que a gente
não consegue nem mais amar.

sim, você estará sozinho na maior parte dos seus processos internos.
em vários momentos da sua jornada será você e você.
em meio aos seus processos de desenvolvimento, você será a pessoa mais importante pra se curar, pra ser seu próprio colo e a sua mão amiga.

não desmereça a sua importância.

mesmo que você tenha pessoas pra te ouvir, amigos pra te dar abraço,
mesmo que você tenha canais de acolhimento e uma rede de proteção,
no final das contas, diante dos seus processos internos e pessoais,
é de você que você mais precisará, só você
pode se dar o privilégio de seguir!

QUANDO VOCÊ SE RELACIONA, VOCÊ ESTÁ REALMENTE DISPOSTO A IR EMBORA A QUALQUER MOMENTO?

eu não estou te dizendo para se relacionar pensando em ir embora, também não estou te dizendo que a gente precisa se relacionar já pensando na partida.

a pergunta é: você se relaciona disposto a ir embora a qualquer momento?

é porque, assim… se relacionar é um mistério, né? obviamente a gente não está cem por cento preparado pra ir embora, mas, algumas vezes, a gente vai precisar ir embora.

mesmo que a gente não queira, mesmo que a gente goste muito, mesmo que a gente pense em ficar, mesmo que a gente tenha construído diversos planos, às vezes a gente vai precisar ir embora.

ainda que a gente ame pra caramba, ainda que a família da outra pessoa goste tanto da gente, ainda que a gente sinta saudades, ainda que estar sozinho pareça ser desconfortável, mais até do que assumir o desconforto de estar em uma relação que já não estava indo muito bem, mesmo assim a gente vai precisar ir embora.

ainda que os nossos amigos sintam muito, ainda que a gente sinta bem mais. ainda que a gente percorra caminhos que já percorreu com aquela outra pessoa e tenha lembranças, memórias bem nítidas, sabe? sabe aquelas memórias fotográficas e memórias sensoriais que nos levam a sentir até o cheiro? independentemente de tudo isso, a gente vai precisar ir embora.

ainda que a gente tenha acreditado, e confiado, e depositado todas as expectativas do mundo de que alcançaríamos aqueles sonhos do lado da outra pessoa, de mãos dadas assim, bem juntos, e não tenha acontecido. são tantas coisas e, independentemente dessas coisas, a gente vai precisar ir embora.

ainda que tenha amor. ainda que tenha muito amor. ainda que a gente queira muito. ainda que a gente tenha muita vontade. às vezes nada disso vai ser suficiente.

eu não tô te dizendo isso pra que você entre nas relações já pensando na sua partida, não é pra que você assuma suas relações com a porta entreaberta em caso de qualquer sinal de incêndio, quando você já abre a porta e pula pra fora. eu não tô dizendo pra iniciar o processo de conhecer alguém já com aquele pensamento ansioso e inseguro de: *em qual momento a outra pessoa vai embora?*

não! o que eu tô te dizendo é pra viver. viva o que tiver que ser vivido. viva da maneira que você merece viver. se entregue. conheça, ouça, fale, converse, construa diálogo. mas, se você sentir que chegou o momento de ir embora, só aceite esse momento, sabe?

ÀS VEZES A GENTE PROLONGA DEMAIS NOSSA ESTADIA EM LUGARES QUE ESTÃO NOS EXPULSANDO E QUE, ÀS VEZES, NEM NOS RECEBEM COMO MERECEMOS

esses dias, eu ouvi da minha terapeuta mais ou menos o seguinte: "quando a gente coloca um filme pra assistir, e a gente percebe ali, nos primeiros trinta minutos, que aquele filme é ruim, por que em vez de a gente simplesmente trocar o filme, fazer outra coisa, pensamos: 'não, já que eu assisti trinta minutos, então eu vou assistir mais uma hora e meia?'. no final das contas, a gente se pega finalizando um filme que a gente achou horrível, que a gente nem queria assistir".

e daí eu te pergunto: quantas vezes a gente insiste em situações que a gente não merece passar?

a gente só precisa mudar o filme, parar naquele momento, aceitar que tá chato, não tá bom, não tá legal, não tá fluindo, que não é aquilo que a gente quer. mudar a rota, ir por outro caminho, fazer outra coisa que talvez seja mais produtiva para a vida da gente. aproveitar aquele tempo que a gente gastou, e que não tinha necessidade de ser gasto daquela maneira, de outra forma que seja produtiva, que seja transformadora, que acrescente de verdade.

eu acho que a gente não deve se ausentar das experiências da vida, não. até as experiências mais negativas que a gente vive, eu acredito que sirvam pra alguma coisa, transformam a gente de alguma maneira.

mas é aconselhável ter atenção, cuidado e respeito com o tempo da gente, sabe? o tempo passa rápido demais, é precioso demais, a gente não precisa gastar o nosso tempo com filmes que a gente acha chato.

e eu nem tô falando de filmes.

acreditar em mim não é uma opção.
eu tenho que acreditar porque eu sou tudo o que me resta no
final de tudo.
sou eu quem fica comigo quando todo mundo vai embora.
é em mim que eu me encontro e pra mim que eu retorno.
é no meu colo que eu me abrigo e com
o meu afeto que me curo.

acreditar em mim não é uma opção.

ALGUMAS PESSOAS VÃO AMAR A SUA PRESENÇA E DISPONIBILIDADE, MAS NUNCA VÃO TE OLHAR COM ADMIRAÇÃO

ei, não tenta convencer ninguém do seu valor, não! algumas pessoas sabem o quão incrível você é e o que perderiam se te deixassem ir embora. por isso preferem manter você ali, em vez de se esforçarem pra te fazer bem. algumas pessoas nunca vão enxergar o quanto você é importante, nem estar dispostas a te tratarem como você realmente merece, mas vão querer a sua presença, vão querer que você fique, porque, se você fica onde não te oferecem amor de verdade, você se acostuma com qualquer migalha.

e algumas pessoas vão amar você justamente porque você aceita qualquer coisa que elas te oferecem. porque isso te deixa mais fraca, isso te deixa cansada, isso te afasta do afeto, te tira o brilho, te deixa desfocada.

se você dá o seu melhor pra alguém, se oferece a sua parte mais leve, se dedica o seu tempo com prazer, se você se dispõe a fazer bem pro outro, acolher, respeitar, dar carinho, enfim, se você oferece o melhor que você

carrega, então o outro sabe que, se te perder, vai perder
alguma coisa. por isso a tua ausência pra quem não
te oferece amor também pode ser desconfortável.

o que eu quero te dizer é que não é somente as pessoas
que realmente amam a gente que sentem a nossa ausência.
alguém que se aproveita da sua falta de limite e abusa
do seu afeto também é capaz de sentir a sua falta.

a gente precisa estar atento ao amor que recebemos de quem
escolhemos oferecer o nosso. quem te ama verdadeiramente
não vai reclamar dos seus limites. vai considerar o que
te machuca e respeitar a sua zona de autocuidado.

a gente precisa perceber como o outro faz a gente se sentir.
esse exercício de perceber os seus sentidos quando você
está com o outro vai te guiar pra onde você precisa estar.
as melhores pessoas são aquelas que fazem a gente se sentir
em casa. se alguém te traz a sensação de que você está em
uma rua sem saída, escura e fria, se sentindo sozinho mesmo
parecendo estar acompanhado, então essa pessoa não é um
bom lugar pra você ficar.

e deixa eu te contar uma coisa: a coisa mais gentil
que você pode fazer por você é permitir que as
pessoas saiam da sua vida, sem ficar tentando
convencê-las de que você merece que fiquem.

CASO VOCÊ PRECISE SE LEMBRAR:

sobre fins de ciclos, a gente sempre sente um montão de coisas. a gente acha que podia ter feito mais, quando, na verdade, a gente fez tudo o que pôde. a gente acha que não. achamos que a responsabilidade de segurar as relações e de manter as pessoas na nossa vida é só nossa. pensamos que a culpa por algo não ter dado certo é só nossa. mas não é verdade. existem coisas que não estão ao nosso alcance, não temos o controle das decisões e escolhas dos outros, reciprocidade é algo que a gente não consegue exigir de ninguém, o que o outro está disposto a nos oferecer foge do nosso poder, por mais que a gente mereça o melhor.

e caso você precise se lembrar: a impermanência das pessoas na sua vida não deve diminuir o seu valor.

algumas vezes vai doer muito, toda vez que você se lembrar. mas com o tempo a dor vai melhorando, ou melhor, a dor vai se fragmentando até se transformar em coragem. coragem de viver, de sorrir, de sentir novamente, de se permitir de novo, coragem de seguir em frente, de reocupar o pedestal da sua própria vida.

outras vezes vai doer só um pouquinho. algumas lembranças nunca param de doer, mas isso não significa que você não superou. você supera quando sente doer, mas não se paralisa.

caso você precise se lembrar: você não precisa estar totalmente curada pra receber amor de novo. você só precisa estar bem o suficiente pra não machucar alguém que não tem nada a ver com a marca que outra pessoa te causou.

caso você precise se lembrar: as suas escolhas vão te gerar consequências. sejam boas ou não tão boas assim. escolha bem! e se por acaso você estiver em dúvida entre escolher você e qualquer outra coisa no mundo, escolha você e o resto vai fluir. escolher a si já é um bom começo.

caso você precise se lembrar: não escolhemos quem vai nos machucar, mas escolhemos por quanto tempo merecemos permanecer em um lugar que machuca. não temos o controle de quem vai nos enganar ou decepcionar, mas temos o domínio de como vamos reagir, de qual maneira vamos nos tratar depois de uma decepção. então se trate com respeito, perdão e carinho.

e caso você precise se lembrar:
não esqueça de se amar.

PARA VOCÊ SE CURAR DAS COISAS PELAS QUAIS NÃO MERECIA PASSAR

eu não te conheço, não sei quais dores você suportou, nem quão difícil foi para você ter de superar as consequências das suas escolhas erradas e da sua mania de dar chances demais por acreditar nas pessoas. eu também não sei quantas horas você ficou sem dormir porque algo ativou os seus gatilhos enquanto a sua ansiedade te engolia. eu também não sei quantas vezes você tentou, ou quanto acreditou nas palavras dos outros, ou o tanto de amor que você ainda alimentou por relações ou pessoas que só cuspiam no prato do seu afeto.

mas eu acho que você precisa ler isto:

você sabe onde a sua presença é celebrada, você sabe também onde você cabe sendo confortavelmente você, onde te olham com brilho nos olhos de admiração. você sabe onde a sua pessoa é bem-vista, onde reconhecem o seu valor e fazem questão de reforçar suas qualidades.

você sabe onde o seu coração pode deitar e dormir tranquilo, onde teu peito se abre pro sossego e você sente que o amor é sobre ter paz. e você sabe onde você sente isso.

você sabe onde as suas palavras não vão ser distorcidas, onde seus medos não vão ser desdenhados, nem suas inseguranças diminuídas. você sabe onde você, por inteira, será considerada. você sabe onde seus sonhos vão

fazer sentido, não importa o quão mirabolantes sejam,
onde suas ideias vão ser observadas com apreço.

você sabe, sim.
então, por favor, se você não se sente especial,
segura, inteligente, vá embora!

se você não consegue sentir que merece o melhor e
constantemente o lugar em que você está te faz duvidar
da sua capacidade e do seu merecimento, vá embora!

você fica tentando se moldar pra caber em um espaço
minúsculo que te cerca, te prende, te escurece, sabe?
quando, na verdade, você brilha! você tem uma energia
tão incrível dentro de você que merece ser celebrada
com a vida! você não tem que se espremer para caber
porque você se espalha. você não chega simplesmente,
você encanta. você não é represa, você é rio, você flui.

você não é idiota, nem sem graça nem desinteressante. você
só está no lugar errado, com as pessoas erradas, perdendo
seu tempo em relações erradas, e você sabe disso, né?

alguns lugares não vão te trazer construção, só destruição.
se caso você passou por um ou está saindo de um lugar que
te destruiu, você passará por lugares que vão te reconstruir,
e quando chegar nesse ponto pode ser que seja solitário
demais, pode parecer um pouco triste e frio, uma sensação
de que você não pertence a lugar algum, até você encontrar
o seu lugar. você vai se preencher e esse será o momento
em que você vai aprender a se reconectar consigo mesmo.

porque você sabe onde você é bem-
-vista, e amada, e celebrada.

lembrete: não se permitir reviver dores que
você já viveu só porque você tem medo
de sentir a dor de uma nova despedida.

TALVEZ O AUGE DA MATURIDADE SEJA DEIXAR PESSOAS TE PERDEREM EM VEZ DE TENTAR CONVENCÊ-LAS SOBRE O SEU VALOR

se você precisa convencer o outro sobre o seu valor, talvez seja você quem precisa recolher o que ainda resta e ir embora. se você precisa desenhar pro outro o quanto você é apaixonante, ou provar o quanto você merece o afeto de quem não tem afeto pra te oferecer, então talvez seja você quem precisa se convencer de que o lugar que você está pelejando receber não é o lugar que você merece estar.

sei lá, me parece que quem realmente quer a gente, ou o que realmente merece ficar com a gente, se abre pra enxergar quem a gente é sem que a gente precise se espremer em brechas pra conseguir algum lugar escuro, frio e pequeno dentro do outro.

talvez o auge da maturidade seja o momento em que você decide se escolher, quando você entende que o seu valor não depende da visão limitada de quem não soube te enxergar. quando você aprende que não precisa provar o seu valor pra ninguém, você aprende também que não está aqui para convencer ninguém a ficar, nem para mendigar o afeto que deveria ser dado de forma espontânea.

deixar que as pessoas te percam é um ato de coragem, é sobre confiar no próprio caminho. é sobre entender que o seu valor não se mede pelo olhar do outro, é sobre lembrar que a gente também é uma grande perda.

APRENDER A RESPEITAR A DECISÃO DE QUEM NÃO TE ESCOLHEU VAI TE ENSINAR A SE ESCOLHER

e eu sei, eu sei que esse processo é difícil. admitir quando não somos escolhidos, se desfazer de nossas projeções, rasgar nossas expectativas ao meio, ter de lidar com o nosso ego de ter sido rejeitado, e outras centenas de sensações que vêm junto com a dor de não ser escolhido.

e ninguém fala sobre a dolorosa sensação de rejeição. principalmente quando uma pessoa age como se quisesse você e, depois, te descarta.

pode parecer clichê o que eu vou te contar, mas a dor de não ter sido escolhido parece muito maior do que é só até o momento que você aprende a se escolher. quando a gente aprende a se escolher, as pessoas que conhecermos ao longo da nossa vida serão um complemento, um bônus em nossa jornada. as relações que a gente vai construindo passam a ser uma ligação diante de tantas outras coisas importantes, que nos inspiram, nos movimentam e nos complementam.

nenhuma relação tem de ser o único alicerce na nossa vida. nenhuma pessoa tem a responsabilidade de ser a pessoa mais importante da nossa vida. pra ser sincero, ninguém merece carregar o peso de ser aquele apoio que te sustenta na vida. essa responsabilidade, essa tarefa é inteiramente sua.

por mais difícil que seja aceitar isso, ou por mais estranho que pareça admitir, o fato é que a vida é feita de ligações e cortes, de ciclos que se tornam sólidos e de ciclos que se tornam instáveis, de gente que escolhe a gente e de gente que não está tão a fim de nos escolher. independentemente, a gente não tem muito controle sobre isso.

maturidade pra aceitar que não ser escolhido por alguém que você até gostaria que te escolhesse, ou que você escolheria, não transforma você em alguém desinteressante. a vida é muito mais do que escolhas que não dependem de você.

fomos ensinados a buscar no outro a cura, o apoio primordial, o fortalecimento, e quando não somos escolhidos por uma pessoa, quando temos uma ligação cortada em todo o nosso universo de ligações, a gente se sente a pior pessoa do mundo.

aprender a solidificar nossas relações, criar laços importantes, e não apenas dedicar a nossa vida para manter uma ligação. entender que a responsabilidade de se escolher é nossa, aceitar que os outros não nasceram pra satisfazer o nosso ego, muito menos foram criados e orientados a preencher nossas expectativas.

não ser escolhido não significa que você não é uma pessoa "escolhível". e eu sei que nem precisaria te lembrar disso, mas quantas pessoas você também deixou de escolher na vida?

"esclarecer" é uma maneira madura e empática
de mostrar que você se importa e que tem
responsabilidade afetiva com o outro.

esclarecer as coisas pra que o outro não pense demais.

esclarecer pra tornar confortável,
esclarecer pra fortalecer o elo.

esclarecer.

SOBRE CORAGEM

pouca gente sabe, mas eu não sei nadar em
mar aberto, me bate um desespero quando não
consigo sentir os meus pés na areia, sabe?

mas, ao mesmo tempo, o lugar que eu mais amo
estar é o mar, eu amo viajar pra lugares com praia, eu
amo sentar na areia e olhar pro infinito, o meu som
preferido é quando as ondas se quebram, o meu toque
preferido é quando o vento que vem do oceano toca o
meu rosto, embaraça meu cabelo, dias de chuva ou dias
de sol, o mar não perde sua grandeza de ser lindo.

mas eu preciso dizer que essa imensidão me traz um frio na
barriga, que por vezes acelera o peito, descompassa a minha
respiração; quando não consigo tocar os pés no chão perco
a habilidade de flutuar. só consigo pensar nas possibilidades
de ser engolido, e ainda que eu recorra pra ajuda de
uma boia ou colete salva-vidas, eu ainda sinto medo.

só que existe um ponto interessante nisso tudo:
ainda que eu esteja com medo, eu estarei lá! porque
acredito que viver é se permitir experimentar, é
mergulhar nas experiências que a vida te oferece.

acredito que onde o medo está é onde eu devo
estar. pode não ser exatamente o lugar mais
confortável, mas eu só vou aprender qual o lugar
mais confortável pra mim me permitindo reconhecer
os lugares que não são tão confortáveis assim.

é onde mora o medo que eu devo entrar. afinal,
é lá que eu vou encontrar a minha coragem, pra
viver, pra sorrir ou chorar, amar ou partir.

e é isso que eu desejo pra vida:

que os meus medos jamais sejam maiores que a minha
coragem de enfrentá-los. e ainda que a imensidão de algo
me assuste, eu mereço sentir, pra aprender a lidar com ela.

NINA SIMONE UMA VEZ DISSE: VOCÊ TEM DE APRENDER A SAIR DA MESA QUANDO O AMOR JÁ NÃO ESTIVER SENDO SERVIDO

mas ninguém te conta o quão difícil é sair da mesa às vezes. e não é sobre insistir em permanecer onde não se é amado, porque você até percebe quando falta tempero, quando perde o gosto, quando fica insosso, quando amarga, você até percebe. mas como saber exatamente que chegou a hora de se levantar?

o tempo todo a gente pensa sobre nossos afetos. conversamos com os nossos amigos sobre as armadilhas em que nos envolvemos, suportamos, superamos e, enfim, prometemos pra nós mesmos que aprendemos. algumas vezes até aconselhamos os outros sobre qual o melhor caminho a seguir. reclamamos sobre a escassez quando percebemos que algo está mais nos roubando do que nos preenchendo. nos indignamos com a carência, com o silêncio, com a falta de reciprocidade. refletimos sobre as coisas que estamos dispostos a aceitar e reconhecemos os lugares onde o nosso amor é ou não considerado.

mas como saber exatamente
a hora de se levantar?

eu, por exemplo, já fiz festa com migalhas que me
ofereceram como se fosse um banquete. eu me lambuzei
de promessas de mudança enquanto a minha ânsia de
receber amor se transformava em ânsia de vômito. muitas
vezes eu quem me convidei, e mesmo percebendo que
ali não havia espaço reservado pra mim, eu me sentei e
fiquei esperando que me notassem e me servissem.

eu comi afetos para além do ponto, estragados. eu me saciei
de amores que não enchiam meu peito, não matavam
meu desejo, amores que me mantinham faminto porque
esse era o ponto que eu era mais útil. quando não podem
te dar amor, te oferecem qualquer afeto ultraprocessado
pra que você permaneça sendo alimento do ego alheio.

às vezes, a fome de afeto transforma qualquer
prato malservido em gosto de amor.

amor é tudo aquilo que não te rouba. pode ser que às
vezes você receba muito, pode ser que às vezes receba
pouco. mas o amor nunca te deixa de mãos vazias. se
você se sente triste, roubado, vazio, provavelmente você
está sendo roubado e isso está longe de ser amor.

a gente precisa se levantar ainda que a vontade
seja de permanecer por apego ou carência. a gente
precisa se levantar porque, às vezes, é preciso pagar o
preço e aprender a viver com o coração partido.

a gente precisa se levantar porque a gente vai entender que a
dor de não ter mais não é a mesma dor de ter qualquer coisa.

a gente precisa se levantar e entender que a
vida vai continuar. fique em silêncio pra se
perceber, e quando isso acontecer, provavelmente
você sinta vontade de chorar. e chore.

mas vale refletir: sua fome é de quê? quais são os seus espaços a serem preenchidos? e sobre as suas expectavas, você já aprendeu a aceitar que são só suas? o que você procura exatamente? e por que, quando encontra o que não procura ou aquilo que nem sequer se aproxima do que você procura, você costuma aceitar mesmo assim? o que você entende que merece? e por qual motivo você insiste em abrir os braços e aceitar por tanto tempo exatamente o que não merece?

a forma como o outro te trata diz muito sobre o outro.
a maneira como você tolera isso diz muito sobre você.

desculpa a sinceridade.

LEMBRETE: NÃO ESQUECER QUE EXISTE MUITA COISA PRA SER VIVIDA DEPOIS DA DOR

a gente não se conhece, mas eu preciso te lembrar que, mesmo que durante a nossa jornada a gente enfrente momentos difíceis e que pareçam intermináveis, a dor é apenas uma parte do processo, não o destino.

cada cicatriz que carregamos é uma prova da nossa força e capacidade de superação. cada experiência dolorosa traz consigo a semente da transformação.

permita-se sentir. sentir vai te ensinar a lidar, sentir vai te preparar pra se moldar, sentir vai te mostrar novos capítulos cheios de possibilidades incríveis.

eu sei que você já deve ter se perguntado: *até quando eu vou sentir isso como se tivesse acabado de acontecer?*. mas eu preciso te lembrar que o processo de cura é uma coisa meio louca mesmo. uma hora você sente que passou, que pode tocar onde doía e apenas sentir a cicatriz. outra hora você sente latejar com intensidade, como se tivesse acabado de acontecer. tem dias que você vai estar bem, radiante, convicta de que já passou. em outros dias você revisita suas dores, os traumas, e sente tudo na pele de novo.

eu sei que não é nada fácil, mas se eu posso te dar um aconselho, é: se permita sentir! sentir até que passe de vez e você volte pra si, pra descobrir um mundo de alegrias esperando para ser descoberto, sorrisos que ainda não deu, abraços que ainda não sentiu, conquistas que ainda não celebrou.

você merece e tem muito mais a ser vivido, muito mais pra descobrir. e vê se não esquece: a dor é temporária, o processo de cura tem seus altos e baixos mesmo, mas a beleza da vida é eterna e está sempre a sua espera!

APRENDA A LIDAR COM A FALTA, PORQUE SEMPRE FALTA ALGUMA COISA

a gente tem uma tendência estranha de achar que a gente é menos especial do que realmente a gente é só porque alguém ou algo decidiu não fazer mais parte da nossa vida.

a gente vive se comparando com as pessoas e então sentimos que não estamos exatamente onde deveríamos estar, mesmo que a gente esteja num lugar superconfortável pro que a gente está vivendo hoje. a gente se compara com os outros e aí nos sentimos atrasados, e frequentemente a gente acha que falta alguma coisa e se sente mal por essa sensação que vem, estranhamente do nosso ego.

e, pra falar a verdade, sempre falta alguma coisa. o que a gente precisa fazer é abraçar a nossa verdadeira identidade, enxergar os passos que fizeram a gente chegar até aqui, e chegar até aqui já é muito, sabe?

alguém já olhou pra você e se comparou, e se sentiu mal não exatamente por você ter conseguido chegar a um ponto que o outro gostaria de ter chegado também, mas sim porque a gente tem essa mania de se comparar uns com os outros, quando, na verdade, se a gente parasse pra nos admirar, perceberíamos o valor da nossa bagagem.

então, se tu está nessa jornada de autoconhecimento, vai indo, você já está indo muito bem.

e se eu puder te dar um aconselho, seria: não perca tempo
sentindo pena de você mesma. as pessoas seguem suas vidas,
viram a página, muitas nem sequer se tocam ou se importam
quando machucam alguém, então tente só seguir a sua vida
também. eu não estou dizendo pra você deixar de sentir, até
porque essa sua mania de sentir muito com quem sente tão
pouco ou nada por você, ou de dedicar tanto do seu tempo
pra pessoas que não têm nem o mínimo de interesse de fazer
parte do seu tempo, ou de fazer textão pra quem claramente
não se importa, essa sua mania de sentir muito faz de você
alguém tão especial. se você parar pra perceber, você se
magoa tanto, e se culpa tanto por dedicar o que você tem de
tão genuíno e o que te faz grandiosamente humana – que é a
intensidade – e se culpa por não saber como lidar com a falta.

repito: aprenda a lidar com a falta, porque
sempre vai faltar alguma coisa.

e complemento: o ego intensifica essa percepção que te falta
muito, quando tudo o que você precisa para administrar
o que vem de fora está dentro de você! você é a máquina
responsável por receber tudo o que a vida te apresenta,
portanto você é capaz de transformar o que dói, descartar
o desnecessário, aperfeiçoar o que precisa ser melhorado
em você. o ego te faz acreditar que te falta muito, quando
alguém sai da sua vida sem que você quisesse, ou quando
perde algo que você se acostumou a ter, ou quando precisa
encerrar vínculos e essas histórias demonstram que não
tinham tanta pretensão de fazer parte do seu livro.

ser rejeitado faz a gente se rejeitar.
e não tem que ser assim.

porque, repito: aprenda a lidar com a falta
porque sempre falta alguma coisa.

consideração é uma coisa foda de bonita, né?

porque quando alguém tem consideração por você,
a pessoa pensa em como pode te fazer se sentir,
essa pessoa tem respeito e empatia pelos seus sentimentos
e por suas dores.

onde existe consideração,
existe amor na sua forma mais pura.

sim. as relações dão sinais. as pessoas dão sinais.
os finais dão sinais. a gente é que, às vezes, finge
não ver por costume, por insistência, por teimosia.
os sinais acontecem a todo momento, se você estiver
distraído do seu amor-próprio, você
realmente não vai enxergar.

VOCÊ NÃO PRECISA ESPERAR SER TRAÍDO PRA TERMINAR UM RELACIONAMENTO

aos dezessete anos eu tive uma relação que durou quase oito anos. uma relação que se tornou pesada por longos sete anos. aos vinte e sete, depois que tive coragem de partir, tirei um ano inteiro pra me dedicar a mim, cuidar do meu corpo, que estava frágil e descuidado; da minha mente, que estava despedaçada e cansada; da minha aparência, que estava perdida porque eu tinha desaprendido a cuidar de mim de dentro pra fora; e, principalmente, do meu amor por mim, que estava inseguro e traumatizado.

aos vinte e sete, eu cometi o erro de me relacionar com uma pessoa que fingiu ser quem não era, me prometeu amor, mas só conseguiu ser desleal, me prometeu cuidado, mas só conseguiu machucar. a grande diferença do meu eu aos dezessete anos é que agora eu sabia o caminho a seguir, eu também sabia que a melhor escolha que eu poderia fazer era me escolher, era me dar as mãos e partir de volta pra mim, eu reconhecia que nenhum lugar no mundo é tão importante quanto o lugar que a minha alma ocupa em meu corpo, eu entendia que nenhum machucado duraria pra sempre, que o fim de algo é o recomeço de outro, que toda dor, por mais intensa que seja, passa! a mágoa permanece só o tempo que a gente permite.

dessa vez eu tinha tudo pra sair despedaçado. afinal,

quando você tem as melhores e mais sinceras expectativas sobre alguém, e essas expectativas são quebradas, parece que um pedaço de você quebra junto. eu tinha tudo pra me quebrar mais uma vez, só que, dessa vez, eu tinha tanto amor por mim que não me sobraria tempo pra eu lamentar pelo amor que não recebi de alguém.

hoje, no auge dos meus trinta e dois anos, eu tenho refletido sobre a minha dificuldade de terminar relacionamentos que eu permiti que durassem mais do que deveriam, só porque eu só conseguia ter coragem de partir se aquela relação me desse um motivo que me fizesse muito mal, como, por exemplo: uma traição.

traição era o único motivo pra eu partir de alguém. e juro, por mais que eu entendesse quando não era mais o meu lugar, eu só conseguia me retirar se o outro agisse da maneira mais podre possível. era como se eu sustentasse um limite descabido e que não era saudável pra mim. era como se eu pensasse: *tá, eu só vou embora se essa pessoa me trair*, porque eu reconhecia a traição como a única forma de abrir mão de uma relação e de alguém.

quando, na verdade, existem inúmeras razões pra gente partir. falta de cuidado, mentiras, insegurança, instabilidade emocional, desrespeito, diferenças de planos e de visão de mundo, falta de afeto, de reciprocidade, enfim...

às vezes, eu insistia em relações mesmo sabendo que não dava mais, porque a "traição" era o teto dos meus limites enquanto eu me permitia passar por vários pequenos desconfortos.

às vezes, a gente se permite passar por tantos
abusos só porque não aprendemos a refinar nossos limites pensando em nosso autocuidado.

um término não necessariamente precisa ocorrer só quando houver motivos grandiosos. é preciso se conhecer pra caramba pra entender o quanto é necessário traçar os seus limites em uma relação. às vezes, a gente que precisa sofrer o bastante pra só assim encontrar um motivo pra ir embora, quando, na verdade, só o fato de nos sentirmos deslocados e perdidos numa relação já é um fator a ser considerado para a nossa partida.

quantas vezes eu insisti em relações por pensar: *ah, mas eu não quero ficar sozinho* quando eu já estava sozinho. a virada de chave está justamente quando você reconhece o seu próprio lugar na sua vida, a sua relevância e o quanto você é incrível e importante pra estar se consumindo em qualquer lugar, com qualquer relação, por qualquer pessoa, sabe? a virada de chave acontece quando você entende que ficar sozinho é melhor do que estar com alguém se sentindo só.

depois que eu entendi que a minha presença é importante, que o meu afeto é grandioso e que o meu tempo é valioso, eu parei de me culpar por coisas que não eram minha culpa, e parei de me sentir mal por sentir algo ruim que alguém me fez. o mantra é: o que o outro me fez é sobre o outro; o que eu faço por mim e pra mim a partir disso é sobre mim!

a escolha mais certa que você fará
na sua vida inteira é se escolher.

ME PEÇO DESCULPAS POR TODAS AS VEZES QUE ME DETESTEI SÓ PORQUE NÃO ME TRATARAM COMO EU MERECIA

eu me peço desculpas por ter ficado esperando que algumas estadias fossem mais confortáveis, quando eu mesmo deveria ter aberto a porta e partido quando percebi que eram desconfortáveis demais pra mim.

eu me peço desculpas também por todas as vezes que me detestei quando não me trataram da forma que eu merecia, por ter perturbado a minha paz pra me manter em lugares e relações que só me ofereciam caos.

eu aprendi que o amor é bom. e eu quero ser amado do jeito certo, do jeito simples, sem complicação, sem confusão, sem me sentir cansado por amar, sabe? por isso, eu me peço desculpas por todas as vezes que insisti em continuar amando aquilo que só afastava o amor de mim.

eu detesto relações instáveis e cheias de guerra, porque eu sei que a vida não é sobre isso. e, se eu quero construir boas relações na minha vida, eu preciso construir boas escolhas primeiro. e eu detesto perceber quando estou escolhendo uma relação que me traz insegurança, que me

faz ter medo de assumir a minha personalidade, sabe? eu
me peço desculpas pelas vezes que acreditei em maneiras
erradas de explorar o amor, e formas egoístas de afeto,
só porque eu queria dar o melhor de mim pro outro.

por isso, eu me peço desculpas por todas as vezes
que fiquei, mesmo reconhecendo nas entrelinhas
que eu não merecia o que estavam me oferecendo.
eu me peço desculpas por olhar pra mim mesmo
e, mesmo em meio à dúvida e à insegurança, me
convenci de que poderia ficar mais um pouco.

eu me peço desculpas pelas furadas em que entrei por
acreditar que o tempo resolveria a falta de afeto. e por ter me
empurrado pra cabeça e em espaços tão pequenos achando
que uma hora o outro iria aprender que eu queria mais. eu me
peço desculpas por ter desacreditado da minha consciência,
duvidado da minha intuição, negligenciado os meus sentidos
e ignorado os meus limites. eu me peço desculpas por ter dado
ouvidos, mais de uma vez, ao meu medo de partir sozinho
quando eu deveria ter aceitado que a leveza é a ausência do
peso. e, mesmo que eu ame, preciso reconhecer que amores
difíceis e pesados são ineficientes na minha vida.
eu me peço desculpas por ter forçado que a minha
paciência aceitasse tamanha onda de estresse e,
com isso, ter transformado o meu cérebro em uma
bomba prestes a explodir, e ter abarrotado meu
peito de ansiedade, porque a gente não tem que se
submeter e tolerar nada em nome do amor.

eu me peço desculpas pelo esforço mais do que
eu deveria, mas é porque acreditei que o meu
amor merecia mais tentativas. o problema é
quando essas tentativas não são por amor.

me peço desculpas por todas as vezes que me
culpei quando não era minha culpa.

LEIA TAMBÉM

A vida é **curta** demais pra viver o **mínimo** das coisas

iandê albuquerque

talvez a sua jornada agora seja só sobre você

iandê albuquerque

IANDÊ ALBUQUERQUE

PARA TODAS AS PESSOAS RESILIENTES

Planeta

IANDÊ ALBUQUERQUE

PARA TODAS AS PESSOAS INTENSAS

Planeta

IANDÊ ALBUQUERQUE

PARA TODAS AS PESSOAS APAIXONANTES

Planeta

IANDÊ ALBUQUERQUE

Onde não existir reciprocidade, não se demore

Planeta

Acreditamos nos livros

Este livro foi composto em Adobe Garamond Pro e impresso pela Gráfica Santa Marta para a Editora Planeta do Brasil em agosto de 2025.